A CONSTITUIÇÃO DE 1988 E O ESTADO DE EXCEÇÃO

A TRAJETÓRIA DO BRASIL RUMO À RUÍNA DA DEMOCRACIA

CIP-BRASIL. CATALOGAÇÃO NA PUBLICAÇÃO
SINDICATO NACIONAL DOS EDITORES DE LIVROS, RJ

S112c

Sá, Isabela Vieira Antunes de, 1999-
A constituição de 1988 e o estado de exceção : a trajetória do Brasil rumo à ruína da democracia / Isabela Vieira Antunes de Sá. - 1. ed. - São Paulo : Letras Jurídicas, 2021.
128 p. ; 21 cm.

Inclui bibliografia e índice
ISBN 9786589565055

1. Democracia - Brasil. 2. Direito Constitucional - Brasil. 3. Brasil. [Constituição (1988)]. 4. Estado de direito - Brasil. I. Título.

21-68852 CDD: 320.981
CDU: 32:342(81)

Camila Donis Hartmann - Bibliotecária - CRB-7/6472

22/01/2021 22/01/2021

ISABELA VIEIRA ANTUNES DE SÁ

A CONSTITUIÇÃO DE 1988 E O ESTADO DE EXCEÇÃO

A TRAJETÓRIA DO BRASIL RUMO À RUÍNA DA DEMOCRACIA

1ª edição – 2021 – São Paulo – SP

LETRAS Jurídicas

Projeto gráfico, diagramação e capa
Ryan Dias – www.editoratribo.blogspot.com

Revisão
Paulo Maretti

Editor
Claudio P. Freire

1ª Edição – 2021 – São Paulo-SP

LETRAS Jurídicas

LETRAS JURÍDICAS
Rua Eduardo Prado, 28, Vila Bocaina.
CEP: 09310-500 – Mauá/SP.
Telefone: (11) 3107-6501 | (11) 9-9352-5354
Site: www.letrasjuridicas.com.br
E-mail: vendas@letrasjuridicas.com.br

Impressão no Brasil

Dedico este livro à minha mãe, tanto por ser minha patrocinadora tão orgulhosa, quanto por mover montanhas só para me ver feliz. Esta conquista – como todas as outras – só foi possível por sua causa. E, por isso, ela também é sua.

E eu não podia deixar de dedicar este livro, também, ao meu grande amor (ou, melhor, meu anjo) Hector Constantin, quem me alegra, apoia e encoraja incondicionalmente, e quem participou de perto da construção desta obra – sempre com palavras de carinho, mas sem abandonar um olhar arguto. Obrigada por ser meu grande parceiro e meu grande cúmplice. E, por tudo, partilho, merecidamente, o mérito desta ansiada publicação com você.

Agradeço ao meu professor de Direito Constitucional, José Alfredo de Oliveira Baracho Jr., quem aceitou ser o orientador deste trabalho, e quem, com paciência e dedicação, acompanhou cada etapa da produção do texto. Sem ele, este livro sequer existiria.

Agradeço também ao meu grande amigo, Lucas Narciso, pela amizade fraterna, repleta de reflexões e risadas, e, principalmente, por acreditar em mim e ter me encorajado tanto a publicar este livro. Foi ele quem fez este sonho sair – ou não – do papel.

APRESENTAÇÃO

Em primeiro lugar, mostra-se necessário esclarecer que este trabalho[1] foi originalmente pensado para ser um artigo jurídico, cujo objetivo é demonstrar que a Constituição de 1988, bem como seu projeto e seus ideais, sucumbiu à prevalência de um estado de exceção vigente no Brasil.

A respeito disso, destaco que o diferencial da obra se pauta pelo fato de ela pretender analisar, com amplitude e profundidade, as mais recentes crises políticas, jurídicas e sociais vividas pelo Brasil atualmente. Nesse sentido, será apresentado um panorama geral – porém não superficial – da atual situação política do país.

Ademais, todos esses fatos serão desenvolvidos à luz da teoria do estado de exceção, elaborada pelo jurista italiano Giorgio Agamben, o que coloca as situações descritas pelo texto em outra dimensão – dimensão essa que, pela sua urgência e gravidade, não pode passar despercebida pela população, sobretudo pela comunidade jurídica, que deve ser a primeira a se manifestar diante das (im)previsíveis transformações na

---

[1] Este trabalho foi orientado pelo Professor José Alfredo de Oliveira Baracho Júnior, Mestre e Doutor em Direito Constitucional e Professor do curso de graduação e do Programa de Pós-graduação da PUC-Minas.

Constituição de 1988 – que não foi capaz de manter a vitalidade e a integridade da ordem republicana e democrática no Brasil nos últimos anos.

A Autora

PREFÁCIO

A acadêmica de Direito Isabela Antunes oferece com este livro, aos estudantes e estudiosos do Direito, a reflexão que empreendeu sobre o Estado de exceção.

Começo por ressaltar o estágio no qual se deu a reflexão por duas razões: a primeira, o desejo da autora em ultrapassar abordagens convencionais sobre a democracia e suas vicissitudes; a segunda, o desprendimento de Isabela ao lançar-se neste projeto sem apoio de instituições de fomento à pesquisa ou programas da universidade em que estuda.

Quanto ao segundo ponto, deve ser mencionado que ela nem mesmo buscou linhas de financiamento, revelando, desse modo, a força de sua intenção, posto desvinculada de chancelas institucionais.

O projeto era antes de tudo pessoal, uma busca de respostas às agudas inquietações do pensamento democrático brasileiro após a sucessão de eventos iniciados em 2016 – o controvertido *impeachment* da presidente Dilma, a não menos polêmica prisão do ex-presidente Lula, a extremada escolha presidencial em 2018.

Como sói acontecer em face de questão tão ampla e complexa, as respostas invariavelmente sinalizaram novas perguntas, e o produto da pesquisa, de início vislumbrado como artigo acadêmico, ganhou extensão a ponto de justificar um livro.

O esteio da investigação são as reflexões sobre o Estado de exceção realizadas por dois autores seminais, Carl Schmitt e Giorgio Agamben, expressões de ideias opostas e complementares sobre o tema, o primeiro justificando a regra democrática pelo desvio, e o segundo denunciando a impostura da exceção tornada perene.

Estabelecida base sólida, Isabela avança em direção ao seu cenário agonístico, analisando o ápice dos embates colocados para o regime político brasileiro nos últimos quatro anos.

De forma consistente e apaixonadamente pessoal, a autora considera as atividades das instituições e as ações das principais autoridades nacionais nos eventos que suspenderam as melhores expectativas para a evolução da democracia no Brasil.

Sombras centenárias saem à luz ocupando o centro das disputas políticas e espantando temores aos que têm as liberdades públicas como eixo da convivência social.

Isabela não oferece conclusões alvissareiras; porém, tampouco esconde a chama da confiança na razão e na pluralidade.

Conjugando o ceticismo da razão e o otimismo das ações, a autora apresenta uma monografia digna de leitura e discussão.

José Alfredo de Oliveira Baracho Júnior
Mestre e Doutor em Direito Constitucional
Professor do curso de graduação e do Programa de Pós-graduação da PUC-Minas.

"Para corrigir uma indiferença natural, fui colocado a meio caminho entre a miséria e o sol. A miséria impediu-me de acreditar que tudo vai bem sob o sol e na História; o sol ensinou-me que a História não é tudo"

(Albert Camus, no prefácio de O avesso e o direito).

SUMÁRIO

1 INTRODUÇÃO

A tradição do Positivismo Jurídico coloca a Constituição de um país como sua verdadeira lei fundamental[2] – uma carta Magna revestida do máximo poder que se pode alcançar em um ordenamento jurídico, orientando todas as suas demais normas e definindo os limites de sua própria aplicação. Essa visão, por sua vez, corrobora com o postulado de que a Constituição é um texto formal imbuído de um poder que extrapola a si mesmo, embora seja, também por ele, definido e limitado.

Nesse sentido, o teórico alemão Ferdinand Lassalle, ao ser confrontado com o questionamento sobre o sentido da Constituição, traz à tona uma série de elementos

[2] É preciso destacar que, para a vertente kelseniana do positivismo jurídico, a Constituição não equivale à norma fundamental do ordenamento jurídico. Dito isso, o termo "lei fundamental" não foi utilizado como sinônimo de "norma fundamental", devendo ser entendido em sua acepção ampla e genérica.

que não foram desenvolvidos pelo Positivismo Jurídico em seu livro *O que é uma Constituição?*; no entanto, são de grande relevância para o entendimento do universo do Direito e de sua aplicação.

O autor afirma que a Constituição de um país não é apenas a folha de papel que contém suas normas constitucionais – contrariando a visão legalista e taxativa da teoria positivista. A verdadeira constituição de um país é, em verdade, a soma dos fatores reais do poder que regem um país, e que formam, portanto, o verdadeiro Direito. Indo além, Lassalle também coloca que a Constituição escrita, a folha de papel, só terá efetividade no plano prático caso corresponda aos fatores reais do poder que regem a nação.

Diante de tal premissa, é inevitável a reflexão sobre a amplitude do alcance prático da Constituição de 1988 – isto é, se suas normas, ao longo dos seus trinta anos de existência, foram devidamente aplicadas e observadas pelas normas infralegais do ordenamento jurídico, conforme o Positivismo havia pensado em sua teoria jurídica.

Tendo em vista tais fatos, sabe-se que a Constituição de 1988 é conhecida pelo seu texto dotado de tom especialmente democrático, sendo por isso chamada de "Constituição cidadã". E talvez justamente por isso – por ter elaborado uma verdadeira idealização republicana – a resposta da reflexão proposta anteriormente seja, infelizmente, uma resposta negativa.

O "Brasil real" vive uma intensa ruptura com o "Brasil constitucional", ruptura essa que possivelmente atingiu seu clímax em 2019 e 2020. E, como se sabe, toda ruptura nada mais é do que a abertura de um espaço – a questão problemática que aqui será desenvolvida é o fato de que esse espaço foi preenchido, paradoxalmente, por um vazio jurídico – o estado de exceção.

Em relação a essa dita ruptura, a historiadora francesa Maud Chirio elaborou a hipótese de que a Nova República – a República cidadã idealizada pela Constituição de 1988 – encerrou ao final de 2018, com a posse do presidente Jair Bolsonaro. A tese leva em conta o fato de o projeto Bolsonaro ser totalmente contraditório aos princípios que regem a Nova República e aos direitos assegurados pela Constituição, considerando, também, que Bolsonaro representa um segmento que sempre rejeitou a República decorrente da Constituição de 1988, e, por consequência, também rejeitou o apoio ao pluralismo e à diversidade étnica e religiosa.

Devido a essa conclusão, é possível constatar que não só o texto constitucional está em xeque, mas também a própria força da Constituição – e tanto o teor dos atos praticados pelo atual governo quanto a perspectiva autodestrutiva contida nas constituições ocidentais, que regulamentam em seu próprio texto dispositivos em que a ordem constitucional pode deixar de ser aplicada (no caso da constituição de 1988, o estado de sítio e o estado de defesa), confirmam tal observação.

A Constituição vigente, nestes últimos tempos, tem sido paulatinamente agredida das mais diversas maneiras – seja de forma velada ou de forma explícita – apresentando fortes indícios de uma ruptura destinada a um não destino, destinada a um não lugar: o vazio do estado de exceção, que, a cada dia, tem revelado suas assombrosas facetas.

Portanto, o objetivo deste trabalho é evidenciar, a partir das considerações feitas pelo filósofo Italiano Giorgio Agamben em seu livro *Estado de exceção*, que a outrora inspiradora Constituição de 1988 atualmente está com suas bases tão fragilizadas a ponto de não mais se autossustentar enquanto a lei fundamental que rege o poder da nação brasileira, sucumbindo, dessa forma, a um gradual e renitente estado de exceção.

2 A ABORDAGEM TEÓRICA DO ESTADO DE EXCEÇÃO

2.1 CONSIDERAÇÕES INICIAIS

O filósofo italiano Giorgio Agamben, principal fonte teórica deste trabalho, procurou explicar o que é o estado de exceção a partir das perspectivas de diversos autores, tendo como principal objetivo evidenciar como ele tem se manifestado de forma latente nos governos ocidentais a partir do fim da 1ª Guerra Mundial.

Dessa maneira, tese do autor é a de que o estado de exceção tende a se apresentar como o paradigma de governo dominante na política contemporânea, ameaçando transformar radicalmente a estrutura e o sentido da distinção tradicional entre os diversos tipos de Constituição, analisando como elas abordam – ou nem sequer abordam – o estado de exceção.

Uma das mais emblemáticas considerações de Agamben, tendo em vista o contexto político brasileiro atual, é o modo como se dá a transição de um regime democrático para um regime autoritário ou totalitário, dado que ocorre de modo muito sutil, por meio da excessiva utilização de medidas de caráter excepcional.

Tendo em vista tal fato, o teórico político Carl Joaquin Friedrich afirma que as medidas excepcionais, justificando-se como sendo em favor da defesa da Constituição democrática, são as mesmas que levam à sua ruína, na medida em que não há nenhuma salvaguarda institucional capaz de garantir que os poderes de emergência sejam efetivamente usados com o genuíno objetivo de proteger a Constituição (AGAMBEN, 2004).

O teórico acrescenta, também, que as disposições quase ditatoriais dos sistemas constitucionais modernos – e entre elas é de notório destaque o tom abertamente antidemocrático dado ao tratamento do estado de exceção em suas mais diversas formas: estado de sítio, estado de defesa, etc. – não podem exercer controles efetivos sobre a concentração dos poderes, concluindo, consequentemente, que todas as instituições que sustentam o regime democrático correm o risco de serem transformadas em sistemas totalitários se condições favoráveis se apresentarem (AGAMBEN, 2004).

Tendo tais constatações em vista, o jurista confirma a hipótese deste trabalho de que as constituições ocidentais contemporâneas possuem perspectiva autoexterminadora, posto que o próprio texto constitucional regulamenta situações em que o governante poderá suspender – até mesmo por um período indeterminado – a ordem constitucional sob o pretexto de salvá-la.

Partindo dessa premissa, é perceptível a situação de vulnerabilidade jurídica à qual a Constituição é submetida em inúmeras ocasiões, dado que são pensadas e projetadas para serem obscuramente aniquiladas quando se mostrarem inconvenientes ao governante diante de certos cenários políticos – daí o frequente apelo às medidas excepcionais, que serão explicadas a seguir.

2.2 A TÉCNICA EMERGENCIAL DE GOVERNO

Percorrendo essa mesma linha de raciocínio, o autor americano Clinton Rossiter, ao descrever os "governos de emergência" das democracias ocidentais, afirma que o caráter transitório e temporário da técnica de governo de delegação dos poderes Legislativos ao Executivo e da legislação por meio de decretos (ou medidas provisórias), isto é, as medidas excepcionais, é meramente ilusório, haja vista que tais instrumentos tornaram-se em alguns países – e ameaça se tornar em todos – instituições duradouras, mesmo em tempos de paz (AGAMBEN, 2004).

Dentro desse contexto, cabe destacar que a prática de legislação por meio de decretos com força de lei passou a ser largamente utilizada a partir da 1ª Guerra Mundial – desde então, veio a ser uma conduta aceita em todos os governos do

Ocidente. No entanto, apenas quando o decreto-lei (instrumento legislativo excepcional) se transformou em uma fonte ordinária da produção do Direito na Itália o problemático e intrínseco vínculo entre os decretos de urgência e o estado de exceção revelou-se com clareza (AGAMBEN, 2004).

Dessa forma, a grande preocupação desenvolve-se a partir da constatação de que o Parlamento (ou Congresso) não é mais o órgão soberano a quem compete o poder exclusivo de redigir as leis – ele se limita, agora, a ratificar decretos emanados exclusivamente pelo Poder Executivo (AGAMBEN, 2004).

2.3 A NATUREZA (NÃO) JURÍDICA DO ESTADO DE EXCEÇÃO

A respeito da natureza do estado de exceção, há uma divisão entre os que procuram inseri-lo no âmbito do ordenamento jurídico – concebem-no como parte integrante do Direito Positivo, pois a necessidade que o funda age como fonte autônoma de direito, ou como um Direito Subjetivo (natural ou constitucional) do estado à sua própria conservação – e aqueles que o consideram exterior a esse ordenamento, isto é, como um fenômeno essencialmente político, considerando que o estado de exceção e a necessidade que o funda são elementos substancialmente extrajurídicos, ainda que possam, eventualmente, ter consequências no âmbito do Direito (AGAMBEN, 2004).

Nesse sentido, se o que é próprio do estado de exceção é a suspensão total ou parcial do ordenamento jurídico, como pode essa suspensão ser ainda compreendida na ordem legal?

Como pode essa verdadeira anomia estar inscrita na ordem jurídica? E se, ao contrário, o estado de exceção é apenas uma situação de fato, e enquanto tal caracterizada por ser estranha e contrária à lei, como é possível o ordenamento jurídico ter uma lacuna justamente quanto a uma situação absolutamente crucial? E qual o verdadeiro sentido dessa lacuna?

A resposta a todos esses questionamentos é que o estado de exceção não é nem exterior nem interior ao ordenamento jurídico, e o problema da sua definição diz respeito a uma complexa zona de indiferença – em que dentro e fora não se excluem, mas se indeterminam. Desse modo, a suspensão da norma não significa sua abolição, como se pode imaginar em um primeiro momento, e a zona de anomia por ela instaurada também não é destituída de relação com a ordem jurídica: a força que os une é justamente o estado de exceção (AGAMBEN, 2004).

2.4 A CORRELAÇÃO DO ESTADO DE EXCEÇÃO COM O ESTADO DE NECESSIDADE

O conceito do estado de necessidade está atrelado à própria natureza do estado de exceção, tendo em vista que o estado de exceção é uma ampliação à esfera pública, *mutatis mutandis*, do estado de necessidade. Nesse sentido, faz-se necessário esclarecer que tanto o recurso à necessidade quanto o seu próprio conceito são construídos e absorvidos subjetivamente, postos de maneira relativa ao objetivo que se deseja atingir. Implicam, dessa forma, uma avaliação moral ou política – que, de toda maneira, é tida como extrajurídica – pela qual se julga se a ordem jurídica é digna de ser conservada e fortalecida ainda que isso custe sua eventual violação (AGAMBEN, 2004).

Partindo dessas considerações, a questão do estado de exceção é relacionada a um problema particularmente interessante na teoria jurídica: o das lacunas no Direito. O estado de necessidade mostra-se, nesse sentido, como uma lacuna no Direito Público, a qual o Poder Executivo é obrigado a remediar. Dessa maneira, o *status necessitatis* se apresenta tanto sob a forma do estado de exceção quanto sob a forma de uma revolução, que, em todos os cenários, compõe uma zona ambígua e incerta na qual procedimentos de fato, em si antijurídicos (ou extrajurídicos), transformam-se em direito e onde as normas jurídicas se indeterminam em mero fato.

No entanto, opondo-se terminologicamente a essa afirmação, o estado de exceção não pode ser reduzido conceitualmente a apenas uma lacuna, mas também a uma suspensão do ordenamento jurídico vigente de modo a garantir sua existência, apresentando-se como a abertura de uma lacuna fictícia no ordenamento jurídico com o objetivo de salvaguardar a existência da norma e sua aplicabilidade (AGAMBEN, 2004).

2.5 O CONCEITO DE ESTADO DE EXCEÇÃO PROPRIAMENTE DITO

O jurista alemão Carl Schmitt afirma que o estado de exceção separa a norma de sua aplicação para tornar possível essa mesma aplicação, e, assim, introduz no Direito uma zona de anomia para tornar possível a ação efetiva – e normativa – do real. Portanto, o estado de exceção, na doutrina schmittiana, pode ser definido como o lugar em que a oposição entre a norma e a sua realização atinge a máxima intensidade, formando um campo de tensões jurídicas em que o mínimo de vigência formal coincide com o máximo de aplicação real e vice-versa (AGAMBEN, 2004). Mas nessa zona extrema, ou, melhor, exatamente em virtude dela, os dois elementos do Direito mostram íntima coesão.

Para exemplificar essa teoria, Agamben utiliza uma analogia entre a linguagem e o Direito: assim como os elementos linguísticos existem na língua sem nenhuma denotação real, somente a adquirindo no discurso em ato, também no estado de exceção a norma vige sem nenhuma referência à realidade (AGAMBEN, 2004).

O estado de exceção define o "estado de lei", em que, de um lado, a norma está em vigor, mas não se aplica (não tem força) e, de outro, atos que não têm valor de lei adquirem sua "força". Tal força de lei em que potência e ato estão separados de modo radical, é, pura e simplesmente, uma ficção por meio da qual o Direito busca atribuir em si sua própria anomia (AGAMBEN, 2004).

O estado de exceção, nesse sentido, é a abertura de um espaço em que a norma e a aplicação mostram sua abrupta separação e em que uma pura força de lei realiza uma norma cuja aplicação foi suspensa. Isso significa que, para aplicar uma norma, é preciso, em última instância, suspender sua aplicação e produzir uma exceção (AGAMBEN, 2004).

É justamente essa indefinibilidade e esse não lugar que correspondem à ideia de "força de lei". É como se a suspensão da lei liberasse uma força ou um elemento místico não identificado: a força da lei separada da lei, a vigência sem aplicação, e, de modo mais geral, a ideia de uma espécie de "grau zero" da lei. Essas são algumas das tantas ficções por meio das quais o Direito tenta incluir em si sua própria ausência e se apropria do estado de exceção, ou, no mínimo, assegura uma relação com ele (AGAMBEN, 2004).

Por fim, o estado de exceção não é uma ditadura (constitucional ou inconstitucional, comissária ou soberana), mas um espaço vazio de Direito, uma zona de anomia em que todas as determinações jurídicas – e antes de tudo a própria distinção entre público e privado – estão desativadas. Portanto, são falsas todas aquelas doutrinas que tentam vincular diretamente o estado de exceção ao Direito; mas igualmente falaciosas são as doutrinas que, como a de Schmitt, tentam inscrever indiretamente o estado de exceção num contexto jurídico (AGAMBEN, 2004).

O estado de necessidade, que essencialmente produz o estado de exceção, não é um "estado do Direito" – mas um espaço sem Direito. E esse espaço vazio de Direito parece ser, sob alguns aspectos, tão essencial à ordem jurídica que esta deve buscar, por todos os meios, assegurar uma relação com ele, como se, para se fundar, ela devesse manter necessariamente uma relação com a anomia.

Em outras palavras, o estado de exceção e o Direito constituem forças de magnitude incalculável e que, a todo momento, convergem entre si, num paradoxo em espiral: a relação entre o direito e essa anomia, de um lado, deve ser mantida a todo custo, e, de outro, deve ser também implacavelmente liberta dessa relação.

Por fim, do ponto de vista schmittiano, o funcionamento da ordem jurídica baseia-se, em última instância, num único dispositivo – o estado de exceção, que visa tornar a norma aplicável suspendendo, provisoriamente, sua eficácia. Mas, se a regra vive apenas da exceção, o que acontece quando exceção e regra se tornam indiscerníveis? (AGAMBEN, 2004).

Tendo em vista todo o exposto, cabe destacar o fato de que não existe nenhuma articulação substancial entre violência e Direito, entre a vida e a norma; e a própria possibilidade dessa distinção coincide com a sua articulação com a máquina biopolítica (AGAMBEN, 2004). Vida e Direito, anomia e *nomos*, todas essas relações resultam da fratura de algo que foi artificialmente ligado por meio de uma sofisticada ficção jurídica – o estado de exceção – e desconstruir essa ficção é fundamental para que pensemos, como ponto de partida, um estado verdadeiramente democrático, e que seja fundamentalmente constituído pelo Direito – e não pela sua suspensão.

3 DA ABSTRATA TEORIA DO ESTADO DE EXCEÇÃO ÀS SUAS EVIDÊNCIAS MAIS CONCRETAS

Partindo das considerações feitas anteriormente, o presente capítulo irá abordar os recentes eventos vividos pelo Brasil sob a luz – ou sombra – da teoria do estado de exceção elaborada por Giogio Agamben, ora explanada – eventos esses que são capazes de demonstrar, com nitidez, a profunda conexão entre o Brasil atual e um estado puramente excepcional. Este capítulo trilhará um caminho que busca explicitar a verdadeira dimensão e os reais significados que devem ser atribuídos a todos os fatos que aqui serão descritos – haja vista que, afinal, trata-se essencialmente de argumentos que corroboram com a tese do trabalho, qual seja, de que a Constituição e seus mais caros princípios – como, por exemplo, o princípio do estado democrático de direito, o princípio do devido processo constitucional e o princípio da dignidade da pessoa humana – estão pairando sobre os mais frágeis e precários alicerces.

3.1 A QUESTIONÁVEL CONDUTA DE SERGIO MORO NA OPERAÇÃO LAVA JATO

Foi o então juiz do Tribunal Regional Federal da 4ª Região (TRF-4), Sergio Moro, quem proferiu a sentença condenando o ex-presidente Lula por corrupção passiva e lavagem de dinheiro.

Dessa maneira, confirmada a condenação em segunda instância pelo TRF-4, houve, desde logo, o início do cumprimento da pena pelo ex-presidente. Diante de tal cenário, é necessário ressaltar o fato de que, um ano antes dessa decisão, em 2016, o STF alterou seu entendimento em relação ao cumprimento da pena após decisão em segunda instância – sendo que a própria corte considerava que era necessário haver o trânsito em julgado da condenação para que fosse iniciado o cumprimento da pena, haja vista que o contrário poderia ferir o princípio da presunção da inocência, consagrado pela Constituição no art. 5º, LVII.

Tais decisões – tanto a do TRF-4 quanto a do STF – foram alvo de inúmeras controvérsias, chegando a ser postas como o resultado de uma perseguição política contra Lula. O fato é que, em 2019, o Supremo decidiu por readotar o seu antigo entendimento em relação ao cumprimento da pena após decisão em segunda instância. Desse modo, o precedente que considerava que o início do cumprimento da pena logo após a condenação em segunda instância, antes do trânsito em julgado da condenação, não feria o princípio da presunção da inocência, durou aproximadamente três anos – os três anos cruciais para o curso do processo do ex-presidente.

Destarte, é possível afirmar que foi a decisão de Moro que promoveu, em última análise, a inelegibilidade de Lula em uma das eleições mais polêmicas que o Brasil já teve desde a sua redemocratização – senão, de fato, a mais polêmica. Conforme indicavam as pesquisas, Lula liderava a corrida eleitoral nas urnas em 2018, e, assim, é mais do que razoável admitir que sua inelegibilidade estendeu a Jair Bolsonaro um conveniente trajeto eleitoral sem o seu maior adversário – o que, automaticamente, rendeu-lhe a vitória.

Tendo tais constatações em vista, o fato a ser abordado neste tópico será a atuação do juiz Sergio Moro durante o processo que envolveu o ex-presidente, utilizando-se de condutas ilícitas para a condenação do Lula. Possivelmente não sendo uma coincidência, Moro foi nomeado como Ministro da Justiça do atual governo – fato que também será posteriormente abordado neste livro.

A respeito disso, o jornal *The Intercept* publicou uma série de reportagens sobre as condutas transgressoras do Juiz Sergio Moro em conluio com o procurador federal Deltan Dallagnol – sendo ambos, respectivamente, o agente julgador e o agente responsável pela acusação nos casos da Lava Jato, incluindo o caso de Lula.

Moro sugeriu a Dallagnol para que trocassem a ordem de fases da Lava Jato, cobrou agilidade em novas operações, deu conselhos estratégicos e pistas informais de investigação, antecipou ao menos uma decisão, e, também, criticou e sugeriu recursos ao Ministério Público. Ele e o procurador, desde meados de 2015 até 2017 (período correspondente às mensagens divulgadas pelo *The Intercept*), mantiveram um amplo – e indevido, por motivos autoexplicativos – contato pessoal.

Dentre todas as polêmicas divulgadas pelo *The Intercept*, três delas são paradigmáticas – tanto pela gravidade das violações, quanto pela relação íntima com a tese deste livro. Evidenciam, portanto, que a máquina jurídico-política está caminhando de encontro a um estado excepcional, não mais colocando o respeito à Constituição acima de interesses privados.

3.1.1 As mensagens trocadas entre o juiz Sergio Moro e o procurador Deltan Dallagnol

Ironicamente, foi o Juiz Sergio Moro quem, arbitrariamente, quebrou a regra de sigilo e divulgou conversas privadas entre a ex-presidente Dilma Rousseff e o ex-presidente Lula. Cumpre ressaltar que a divulgação não incluiu somente as partes relativas às questões de interesse público – ela incluiu, também, questões de ordem privada que não tinham relação com o objeto da investigação, o que, naturalmente, levantou suspeitas sobre quais seriam as reais intenções do Juiz ao divulgar as conversas.

Destarte, em junho de 2019, o *The Intercept* divulgou as mensagens secretas trocadas entre o Juiz Sergio Moro e o procurador Deltan Dallagnol, revelando o grave teor das conversas que violaram, diretamente, o ordenamento jurídico.

> O atual ministro da justiça parece ter cruzado a fronteira que separa juiz e investigador numa conversa de 7 de dezembro de 2015, quando ele passou informalmente uma pista sobre o caso de Lula para que a equipe do MP investigasse. "Entao. Seguinte. Fonte me informou que a pessoa do contato estaria incomodado por ter sido a ela solicitada a lavratura de minutas de escrituras para transferências de propriedade de um dos filhos do ex Presidente. Aparentemente a pessoa estaria disposta a prestar a informação. Estou entao repassando. A fonte é seria, escreveu Moro.

"Obrigado!! Faremos contato", respondeu Dallagnol pouco depois. "E seriam dezenas de imóveis", acrescentou o juiz. O procurador disse que ligou para a fonte, mas ela não quis falar. "Estou pensando em fazer uma intimação oficial até, com base em notícia apócrifa", cogitou Dallagnol. Ao que tudo indica, o procurador estava considerando criar uma denúncia anônima para justificar o depoimento da fonte ao MP. O juiz Sergio Moro, diante da mensagem, apoiou a escolha do procurador: "Melhor formalizar, então".

Outro sinal de que ele trabalhava em coordenação com a acusação surgiu em uma troca de mensagens no dia 13 de março de 2016, quando manifestações contra o governo de Dilma tomaram as ruas. O juiz revelou, então, o desejo de "limpar o Congresso".

Três dias depois desse fato, Dilma tentou nomear Lula como Ministro da Casa Civil – foi quando Moro divulgou a conversa gravada entre a então presidente e Lula. Naquela mesma ocasião, Dallagnol e Moro conversaram sobre a divulgação dos áudios e se consultaram sobre a estratégia.

Em outra ocasião, em março de 2017, Moro enviou uma mensagem a Dallagnol, cobrando-o acerca da intenção de adiar, em um curto período de tempo, o depoimento do ex-presidente Lula, em razão da Operação Lava Jato. Escreveu o ex-juiz: "Que história é essa que vocês querem adiar? Vocês devem estar brincando". "Não tem nulidade nenhuma, é só um monte de bobagem", completou.

Dallagnol só respondeu à mensagem no dia seguinte, afirmando que "passei o dia fora ontem. Defenderemos manter. Falaremos com Nivaldo". O procurador referia-se a Nivaldo Brunoni, juiz de primeira instância que cobria as férias do relator da Lava Jato no Tribunal Regional Federal da 4ª Região, João Pedro Gebran Neto. Naquele mesmo dia, Brunoni rejeitou pedido da defesa do petista para adiar o interrogatório.

Dois dias depois, outra conversa revelava a indevida proximidade entre o então juiz e a acusação. "Caro, foram pedidas oitivas na fase do 402, mas fique à vontade, desnecessário dizer, para indeferir. De nossa parte, foi um pedido mais por estratégia", assinalou Dallagnol. Moro respondeu antecipando a sua decisão: "Beleza, tranquilo, ainda estou preparando a decisão, mas a tendência é indeferir mesmo".

3.1.2 Interferências de Moro na conduta da acusação

Segundo as divulgações das conversas privadas entre Sergio Moro e o então procurador da República Carlos Fernando dos Santos Lima, feitas pelo *The Intercept*, é possível constatar que o ex-juiz expressamente sugeriu aos procuradores da Lava Jato que emitissem uma nota à imprensa para rebater o que Moro chamou de "showzinho" da defesa de Lula após o depoimento do ex-presidente no caso do triplex do Guarujá, alvo da Operação Lava Jato. O fato de que os procuradores acataram a sugestão de Moro é mais uma evidência de que o ex-juiz atuava como uma espécie de coordenador informal da acusação no caso Lula.

Diante do exposto, em uma tentativa de se resguardar publicamente perante a divulgação das mensagens, Moro concedeu uma entrevista ao jornal *Estadão*, afirmando que considera "absolutamente normal" que juiz e procuradores conversem. Desse modo, resta incontroverso que não se trata apenas de um "contato pessoal" e de "meras conversas", como diz o ministro, mas de um direcionamento sobre como os procuradores deveriam se comportar no processo.

Ao contrário do alegado pela defesa de Moro, que afirmou que as comunicações eram banais e comuns, contendo apenas notícias e informações e não ajudando os promotores a elaborar estratégias ("existiam às vezes situações de urgência, eventualmente você também está ali e faz um comentário de alguma coisa que não tem nada a ver com o processo", disse o ex-juiz ao Estadão), essas conversas provam que Moro estava sugerindo estratégias para que os procuradores realizassem sua campanha pública contra o próprio réu que ele estava julgando.

3.1.3 Dallagnol afirma que Moro poderia favorecer Flávio Bolsonaro para não perder indicação no STF

Ainda segundo o *The Intercept*, diante da acusação de que Flávio Bolsonaro, filho do atual presidente, mantinha um esquema de corrupção dentro de seu gabinete, Dallagnol disse em seus *chats* privados que Flávio "certamente" estava implicado no esquema.

O procurador, ademais, demonstrou uma preocupação: ele temia que Moro não perseguisse a investigação por pressões políticas do então recém-eleito presidente Jair Bolsonaro e pelo seu desejo de ser indicado para o Supremo Tribunal Federal.

Até hoje, como presumia Dallagnol, não há indícios de que Moro – que à época das conversas já havia deixado o cargo de Juiz pelo TRF-4 e aceitado o convite de Bolsonaro para assumir o Ministério da Justiça – tenha tomado qualquer medida para investigar o esquema de funcionários fantasmas que Flávio é acusado de manter e suas ligações com poderosas milícias do Rio de Janeiro.

O escândalo envolvendo Flávio, que vinha dominando as manchetes, desapareceu da mídia – o que nos leva a concluir que a investigação parece ter sido conduzida em um ritmo bem mais lento do que o esperado para um caso de tal gravidade. A respeito disso, Moro tampouco deu sinais de que estava interessado nas ramificações federais do caso, como o empréstimo de Queiroz para a primeira dama, Michelle Bolsonaro.

Nas poucas vezes em que respondeu a questionamentos sobre a situação do filho do presidente, ele repetiu que não havia nada conclusivo – em um tom notadamente evasivo –, e que, ironicamente, o governo não pretendia interferir no trabalho dos promotores. Entretanto, o caso voltou à mídia quando o presidente do STF, Dias Toffoli, atendeu ao pedido de Flávio Bolsonaro e suspendeu as investigações iniciadas sem aprovação judicial envolvendo o uso dos dados do Coaf, órgão do Ministério da Economia que monitora transações financeiras para prevenir crimes de lavagem de dinheiro.

Em dezembro de 2018, Dallagnol enviou, em um grupo de *chat* composto por procuradores da Lava Jato, o *link* para uma reportagem que denunciava um depósito de R$ 24.000,00 (vinte e quatro mil reais) feito por Queiroz em uma conta no nome da primeira-dama, Michelle Bolsonaro.

A notícia levou Dallagnol a pedir a opinião dos colegas sobre os desdobramentos e sobre como seria a reação de Moro. O procurador manifestou sérias preocupações com a forma como o ministro da Justiça conduziria o caso, sugerindo que o ex-juiz poderia ser conivente com Flávio, ou por causa dos limites impostos pelo presidente, ou pela intenção de não colocar em risco sua indicação ao STF: "Seja como for, o presidente não vai afastar o filho. E se isso tudo acontecer antes de aparecer vaga no Supremo?", escreveu. Dallagnol completou sobre o presidente: "Agora, o quanto ele vai bancar a pauta Moro Anticorrupção se o filho dele vai sentir a pauta na pele?".

Portanto, diante de todo o exposto neste tópico, é possível constatar que Moro violou, além de um dos mais importantes princípios da magistratura – o princípio da imparcialidade absoluta do juiz –, o próprio estado democrático de direito, ao desrespeitar o devido processo constitucional consagrado no ordenamento jurídico brasileiro.

3.2 VAGA DO STF PROMETIDA A MORO POR BOLSONARO E SAÍDA DO MINISTRO DO GOVERNO

Conforme retratado no tópico anterior, é de conhecimento público o fato de que Jair Bolsonaro, no dia 12 de maio de 2019, havia prometido uma vaga no STF ao então juiz Sergio Moro, conforme aponta reportagem do *G1*: "Em entrevista à Rádio Bandeirantes, Bolsonaro disse que firmou compromisso com o ministro e que vai honrar o que foi acertado, caso Moro queira ocupar a vaga e se for aprovado em sabatina no Senado. 'A primeira vaga que tiver, eu tenho esse compromisso com o Moro e, se Deus quiser, cumpriremos esse compromisso', disse Bolsonaro."

A atuação do Ministro da Justiça, até então, estava em conformidade com os interesses do presidente – ao subtrair os seus maiores adversários do jogo político – e, dessa forma, a promessa da cobiçada vaga no Supremo surgiu como um "estímulo" para que Moro permanecesse convergente com os objetivos pessoais almejados por Bolsonaro.

Todavia, meses depois, dia 31 de agosto, o presidente afirmou que não fez nenhuma promessa de indicar Moro ao STF, segundo reportagem do *Valor Econômico*. "Não assumi nenhum compromisso com Moro. Durante a campanha, prometi foi indicar alguém do perfil do Moro", afirmou o presidente. Tal atitude, visivelmente contraditória – assim como a sua figura pessoal –, parece revelar uma relação entre o presidente e o ex-juiz que, além de ser indevidamente estreita, é, também, instável: e essa instabilidade, quiçá enraizada em questões privadas, ameaça colocar em risco toda a ordem pública.

Posteriormente, os fatos mais recentes trouxeram à tona a concretização do risco à ordem pública, evidenciando a natureza conturbada e prejudicial da relação entre as duas figuras. No dia 24 de abril de 2020, o então Ministro da Justiça – um dos pilares do governo Bolsonaro – realizou um polêmico pronunciamento, anunciando a renúncia ao cargo para o qual foi nomeado.

Segundo o seu pronunciamento, o então ministro revelou a existência de divergências com Bolsonaro: enquanto ele insistia na troca do diretor-geral da Polícia Federal, Moro discordou veementemente – requerendo, para tanto, uma justificativa plausível que amparasse a decisão.

Desse modo, quando Bolsonaro decidiu manter a decisão da troca do diretor-geral da Polícia Federal – inexistindo motivações límpidas que a motivasse –, Moro anunciou a sua própria demissão, cujo pronunciamento explicitou as razões do presidente para a troca da diretoria-geral da PF.

Em realidade, o presidente queria ter um aliado na Polícia Federal – e não um diretor geral – para repassar a ele informações sobre investigações e inquéritos em andamento no STF (fato que, pela extrema gravidade, além da evidente ilicitude, será devidamente analisado em um tópico exclusivo).

O ex-ministro da justiça chegou a afirmar que durante a gestão do PT – enquanto se articulavam as investigações da Lava Jato, tendo como principal alvo o ex-presidente Lula – a Polícia Federal teve total autonomia e nenhuma interferência, o que, levando em conta sua trajetória, é uma afirmação de extrema relevância.

Inclusive, quando Moro questionou ao presidente se a dita interferência na PF possuía cunho político, Bolsonaro respondeu afirmativamente – e como essa motivação é, sem dúvida, dúbia e obscura, o então Ministro da Justiça anunciou o seu rompimento com o governo, bem como prestou depoimento às autoridades de modo a comprovar as suas acusações.

Tendo tais fatos em vista, nota-se que Bolsonaro assumiu, em termos concretos, que estava disposto a abrir mão de quem quer que fosse – inclusive de um dos membros mais importantes de seu governo – para se desviar de qualquer possível obstáculo ao seu projeto de governo, baseado, exclusivamente, em interesses privados – e quem governa apenas para si, e não para um país, necessariamente está governando na base de uma exceção.

3.3 OS MINISTROS DO GOVERNO BOLSONARO

Para que fosse possível o cumprimento da promessa eleitoral da redução dos ministérios, o presidente teve de definir prioridades na sua agenda em detrimento de algumas pastas – e, nisso, foram engolidos pelos "superministérios" diversos ministérios antigos, como o Ministério do Trabalho, o Ministério da Cultura e o Ministério do Desenvolvimento Social, demonstrando o desmonte político arquitetado pelo governo, que colocou em segundo plano justamente as pastas de maior relevância social.

Não obstante, a indicação dos ministros também foi muito controversa, haja vista que, além do fato de que ao menos nove deles são réus ou alvos de investigação em processos judiciais, segundo a revista *Fórum*, a maioria da equipe ou não possui a formação técnica adequada para administrar o cargo ou o dirige desconsiderando o melhor interesse público em favor de interesses particulares.

Para uma visualização mais clara do perfil dos ministros indicados por Bolsonaro, será exposta, em sequência, uma breve análise das indicações que mais causaram reações adversas.

3.3.1 Ministério da Justiça

Para o Ministério da Justiça, o superministério que emergiu da fusão de antigos ministérios (o Ministério da Segurança Pública, partes do extinto Ministério do Trabalho, o Conselho de Controle das Atividades Financeiras e a Controladoria Geral da União), foi indicado, conforme informações prévias, o então Juiz Sergio Moro, que abandonou 22 anos de magistratura para fazer parte do gabinete de Bolsonaro. A polêmica que envolveu a nomeação diz respeito aos fatos abordados no tópico 2.2, relativo à conduta antiética e ilícita de Moro durante a Operação Lava Jato e também relativo ao fato de ele ser aliado pessoal do presidente – ao menos até então, devido à ruptura entre ambos –, responsável pela condenação do seu maior adversário político.

Após a saída de Moro do governo, o novo ocupante da pasta foi André Mendonça, ex-Advogado Geral da União e pastor da Igreja Presbiteriana Esperança de Brasília, reforçando o envolvimento de líderes religiosos no governo, o que, ainda que em potencial, é capaz de comprometer a laicidade do Estado.

3.3.2 Ministério da Economia

Paulo Guedes, indicado como Ministro da Economia, foi o carro-chefe para a eleição de Jair Bolsonaro. Reconhecido por ser um economista de viés liberal e com fortes tendências à privatização, certamente atraiu aqueles insatisfeitos com a gestão econômica dos governos anteriores. Contudo, Guedes é alvo da Operação Greenfield por suspeitas de gestão fraudulenta dos fundos de pensão de empresas estatais; e, em 2007, a CVM (Comissão de Valores Mobiliários) penalizou um fundo gerido por ele por negociar com informações privilegiadas, prática essa que é criminosa.

3.3.3 Ministério do Turismo

O indicado para o Mistério do Turismo é Marcelo Álvaro Antônio, cujo nome verdadeiro é Marcelo Henrique Teixeira Dias, que consta como sócio da Voicelider, empresa com dívida ativa de 59,9 mil reais no INSS (o Banco do Brasil também cobra dívidas da empresa na Justiça). Há também uma ação penal de 2003, sobre a qual ele e o irmão respondem pela venda de lotes que não lhes pertenciam e que não estavam autorizados pela prefeitura. Além de todo o exposto – e do fato de que ele, enquanto político e empresário, não aparenta ter capacitações adequadas para a área do turismo –, Marcelo também foi denunciado pelo Ministério Público pelas candidaturas laranjas do PSL (o antigo partido de Bolsonaro) e foi notificado pela Justiça por ameaçar de morte a deputada Alê Silva.

3.3.4 Ministério da Ciência, Tecnologia e Inovações

O ministro indicado para a pasta, Marcos Pontes, com instrução de um ex-astronauta, mas sem *expertises* na área em questão, foi investigado pelo Ministério Público Militar em 2006 por envolvimento em atividades comerciais – ato vedado pelo Código Militar aos oficiais da ativa.

3.3.5 Ministério da Saúde

Escolhido para o Ministério da Saúde, o médico ortopedista Luiz Henrique Mandetta é investigado por suposta fraude em licitação, caixa 2 e tráfico de influência. O Ministério Público Estadual também apura irregularidades em contratos da implantação de um sistema informatizado na prefeitura de Campo Grande (MS), onde era Secretário de Saúde na época.

Todavia, com a ascendência da pandemia decorrente do novo coronavírus no Brasil, é preciso destacar positivamente o fato de que Mandetta atuou à altura do cargo para o qual foi nomeado, tendo em vista que agiu de acordo com as recomendações da OMS no combate ao vírus e orientou adequadamente a população.

As atitudes do então Ministro da Saúde, entretanto, divergiam do posicionamento negacionista de Bolsonaro, que, desde o início da pandemia, até o momento atual – em que a pandemia atingiu um nível devastador –, manteve um discurso frontalmente oposto ao recomendado pela ciência e pelas autoridades de saúde de todo o mundo, incluindo a OMS –

que, diga-se de passagem, já foi alvo de ofensas por parte do presidente.

Essa divergência levou Bolsonaro, em plena crise decorrente do coronavírus, a demitir o Ministro do cargo, provocando enorme instabilidade não só no governo, mas também no futuro da população brasileira, que está diretamente em pauta. Segundo depoimento do próprio Mandetta, apresentado pelo portal *G1*, "o comportamento do presidente bateu de frente com a ciência, com o SUS e com a vida".

Quem assumiu o cargo em substituição foi o médico oncologista Nelson Teich, nomeado poucas horas depois da publicação da exoneração de Mandetta. No pronunciamento para nomeação do novo Ministro da Saúde, Bolsonaro reiterou sua defesa pelo fim do isolamento social e pela reabertura do comércio, e o novo Ministro da Saúde afirmou que "existe um alinhamento completo entre mim e o presidente", segundo o jornal *El País*.

Todavia, a afirmação feita por Teich foi desmentida pouquíssimo tempo depois. Conforme relatou o *El País*, em menos de um mês no cargo, o então Ministro pediu demissão – sendo o segundo a deixar o posto de extrema importância no momento em que a pandemia atingia, até então, o seu pico no país. A gestão do Ministro – ao contrário da gestão de Mandetta – foi marcada pela influência dos militares e pela ausência de medidas concretas para o enfrentamento da crise.

Teich, contudo, foi surpreendido em uma coletiva de imprensa sobre o fato de Bolsonaro ter promovido um decreto que incluía salões de beleza, barbearias e academias como atividades essenciais sem consultá-lo antes; e, também, o presidente o pressionou para que ele recomendasse o uso da substância Cloroquina para tratamento do coronavírus, quando já haviam sido feitos testes que não demonstravam a eficácia do remédio contra a doença (além de provocarem diversos efeitos colaterais).

Diante de tais fatos, Teich manteve-se alinhado às recomendações cientificas em relação à Cloroquina, e, dessa forma, ficou receoso, enquanto médico e Ministro da Saúde, em indicar o remédio à população, como Bolsonaro gostaria. Insultado pela pressão e com estampada incredulidade diante da conduta do presidente – que deixou claro que para a tomada de decisões da mais alta importância em uma crise sanitária não é preciso escutar as autoridades da saúde –, preferiu exonerar-se do cargo.

O novo Ministro da Saúde interino indicado por Bolsonaro foi o general Eduardo Pazuello, um militar sem experiência alguma na área da saúde – e, talvez justamente por isso, tenha sido nomeado: dessa forma, as atitudes descabidas e ignorantes do presidente em meio a uma gravíssima pandemia não teriam que passar pelo filtro de uma pessoa que, de fato, tem conhecimento sobre a área da saúde; e, assim, não seriam sequer postas em discussão, garantindo a Bolsonaro um poder de decisão quase totalitário.

3.3.6 Ministério da Mulher, Família e Direitos Humanos

A ministra Damares Alves, certamente uma das indicações mais polêmicas do presidente, é conhecida pelo seu posicionamento ortodoxo e por suas falas caricaturais de pregações evangélicas. Além de tudo, a ONG Atini, que ajudou a fundar, é alvo de duas investigações do Ministério Público por discriminação contra os povos indígenas. Na mais antiga delas, de 2014, os procuradores exigiram o retorno à aldeia de uma adolescente indígena que, segundo o MP, foi sequestrada e entregue a moradores da cidade de Volta Redonda por membros da Atini e de uma outra ONG missionária, a Jocum (Jovens com Uma Missão).

Em 2015, foi movido um processo de danos morais coletivos contra essas mesmas entidades pela execução de um documentário que exibia crianças e adultos da tribo Karitiana coagidos a dramatizar o infanticídio – mas a prática, além de não existir, é reprimida pela tribo. O material teve a exibição proibida e os procuradores pediram indenização no valor de um milhão de reais.

Vale resaltar, ademais, que a ministra não fez, até o momento, nenhum progresso em relação à questão das mulheres, dos direitos humanos ou em relação à família – ao contrário, suas atitudes acentuadamente conservadoras só contribuíram para o retrocesso nesses pontos, que carecem, urgentemente, de avanços.

3.3.7 Ministério da Casa Civil

Para a relevante pasta foi nomeado Onyx Lorenzoni, político e empresário formado em medicina veterinária (área que em nada se relaciona com as exigências técnicas de um Ministro da Casa Civil). Embora Lorenzoni seja conhecido pelo discurso linha-dura contra a corrupção, admitiu ter recebido "caixa

2" da JBS e reconhece ter recebido 100 mil (cem mil) reais para a sua campanha de deputado em 2014 – mas os executivos da empresa dizem ter repassado o dobro.

Em fevereiro de 2020, o então Ministro da Casa Civil foi renomeado para o Ministério da Cidadania, e o general do Estado-Maior do Exército, Walter Souza Braga Netto, foi o novo indicado para o cargo.

Braga Netto, que também foi o interventor federal da segurança pública no Rio de Janeiro, em 2018, é o primeiro militar a comandar um ministério com as atribuições da Casa Civil desde 1981, durante o governo militar de João Figueiredo. Com a nomeação, todos os ministros com gabinete no Palácio do Planalto (Casa Civil, Secretaria de Governo, Gabinete da Segurança Institucional e Secretaria-Geral) são militares, colocando em evidência o processo de "militarização" do governo.

3.3.8 Ministério da Segurança Institucional

O indicado para o cargo foi o militar General Heleno, que, em 2013, foi condenado pelo Tribunal de Contas da União (TCU) por assinar contratos irregulares no valor de R$ 22 (vinte e dois) milhões de reais. Uma investigação constatou problemas nos acordos, sem licitação, com duas empresas de TI para realização dos Jogos Militares de 2011, no Rio de Janeiro. Para o Tribunal, não ficou clara a necessidade de investimentos tão vultosos em um setor de mero apoio à realização de um evento esportivo.

3.3.9 Ministério da Agricultura

A engenheira agrônoma indicada para o Ministério da Agricultura, Teresa Cristina, é investigada por suposto favorecimento à JBS quando era secretária do agronegócio no Mato Grosso do Sul, com base nas delações de executivos que revelaram que ela ofereceu benefícios fiscais à empresa no estado. Nessa época, ela mantinha parceria agropecuária com a empresa, mas negou as acusações. A deputada é líder da Frente Parlamentar Agropecuária (FPA) e dona de 1.100 hectares de terra no Mato Grosso do Sul. Ademais, o patrimônio dela cresceu quase 500% desde as eleições de 2014, conforme declarado ao TSE, fato que figura evidentemente suspeito.

3.3.10 Ministério da Educação

O indicado para a pasta, após a exoneração de Ricardo Veléz – cujo discurso era visivelmente autoritário –, foi o economista Abraham Weintraub. A condução do MEC não poderia estar sendo mais precária: ao longo de um ano, cumulou diversas polêmicas a uma extraordinária má gestão e um baixíssimo orçamento. Além disso, o ministro, que frequentemente comete erros básicos de ortografia em suas redes sociais, mostrou-se totalmente avesso à imprensa e desdenhoso de qualquer crítica. Não obstante, é, também, crítico de Paulo Freire, uma das maiores referências em educação do mundo. Foi Weintraub quem chamou as universidades públicas de "balbúrdia" e ameaçou cortar verbas, a ponto de muitas precisarem cessar as suas atividades.

Em 18 de junho de 2020, o ministro anunciou a sua demissão do cargo, sem explicitar os motivos – no entanto, sabe-se que estava envolvido em sérias polêmicas, tendo sido citado em dois inquéritos no STF.

O ministro cotado para o cargo, Carlos Alberto Decotelli, não chegou sequer a assumir posse do ministério, em razão das descobertas de equívocos em seu currículo. Desse modo, após quase um mês sem chefe para o Ministério da Educação, foi nomeado, em julho, o pastor e ex-vice-reitor da Universidade Presbiteriana Mackenzie, Milton Ribeiro.

3.3.11 Ministério do Meio Ambiente

Talvez a indicação mais polêmica de todas seja a do Ministério do Meio Ambiente, devido ao fato de o indicado, Ricardo Salles, ter sido processado por fraudes ambientais. O advogado, político e administrador, demonstrou, por meio da sua deplorável atuação, que, de fato, pouco ou nada sabe sobre políticas ambientais, e tampouco manifestou qualquer intenção de preservar o Meio Ambiente. O ministro é presidente do Movimento Endireita Brasil e também já foi secretário particular de Geraldo Alckmin, ocupando a pasta do Meio Ambiente de São Paulo durante o governo do tucano, quando foi acusado de manipular mapas de manejo ambiental do rio Tietê. Durante a campanha eleitoral de 2018, chegou a sugerir o uso de munição de fuzil contra a esquerda e o MST.

Atualmente, o ministro pode ser réu em mais uma ação de improbidade administrativa: o Instituto Brasileiro de Proteção Ambiental (IBPA) e outras cinquenta ONGs protocolaram, na Procuradoria Federal dos Direitos do Cidadão, o pedido de averiguação de improbidade administrativa do ministro do Meio Ambiente, em razão de sua omissão diante dos desmatamentos devastadores na floresta amazônica – fato que será abordado posteriormente, de forma mais aprofundada.

Por conseguinte, é possível visualizar que a promessa feita por Bolsonaro, durante a campanha eleitoral de 2018, de se rodear de pessoas competentes e qualificadas – uma vez que ele próprio já assumiu que não o era –, não vislumbra sequer um semblante próximo à realidade.

A conclusão obtida com imediatidade é a de que as nomeações feitas pelo presidente não levaram em conta, em momento algum, a *expertise* técnica dos ministros ou a aptidão para os cargos em questão; levaram em conta, ao contrário, os mesquinhos e privados interesses políticos do presidente – algo como um jogo político de cartas marcadas.

E, consoante as explicações anteriores, a obscuridade do estado de exceção, que costuma ser gradual e oculto (ao menos em relação à maior parte da população), passa a ser vista com clareza e assombro: a máquina jurídico-política está se pervertendo, de fato, em a máquina letal à democracia.

3.4 A POLÍTICA DO MEIO AMBIENTE

Dentre todos os aspectos problemáticos do atual governo, a política do meio ambiente apresentou-se como um dos destaques no tocante ao deplorável tratamento dado sobre o assunto.

Tal descaso governamental, no entanto, mostra-se em descompasso perante o movimento mundial, haja vista que estamos vivendo um período crucial em relação às políticas relativas ao meio ambiente. Os dados alarmantes passaram a exigir, como nunca outrora, medidas afirmativas por parte de todos os governantes para impulsionar e promover a proteção ambiental.

Todavia, embora o crescente apelo para que os governantes estejam cada vez mais alertas e conscientes em relação aos problemas ambientais, esse apelo não surtiu nenhum efeito sobre o governo Bolsonaro – o que não é de modo algum surpreendente, considerando-se o abordado no tópico anterior, que tratou sobre o ministro do meio ambiente escolhido pelo presidente: Ricardo Salles, que é alvo de processos administrativos por fraudes ambientais. Assim, tornou-se previsível o fato de que as políticas ambientais sofreriam retrocessos a largos passos.

E esse retrocesso, de fato, está em voga, razão pela qual o jornalista ambiental, André Trigueiro, compilou uma série de eventos para explicitar o desmonte da política ambiental no governo Bolsonaro apenas até a metade do ano de 2019, veiculado pelo portal G1.

Entre elas, numa apertada síntese, vale ressaltar que o governo Bolsonaro promoveu o enfraquecimento do ministério do meio ambiente; anunciou a revisão de todas as 334 (trezentos e trinta e quatro) unidades de conservação do país; mostrou-se favorável ao projeto de lei elaborado por Flávio Bolsonaro, que defende o fim de todas as reservas legais; promoveu uma queda considerável na fiscalização do desmatamento ilegal; promoveu a quebra do sigilo sobre a localidade das ações dos fiscais do Instituto Brasileiro do Meio Ambiente (IBAMA); promoveu o afastamento do fiscal que multou Bolsonaro; promoveu a demissão do presidente do Instituto Chico Mendes de Conservação da Biodiversidade (ICMBio); promoveu a nomeação de policiais de SP em substituição a especialistas em biodiversidade no ICMBio; cortou 95% da verba destinada para as políticas climáticas; deu a entender que o Fundo Amazônia poderia acabar; e, por fim, autorizou a exploração de petróleo no parque nacional de Abrolhos.

Diante desse evidente desmonte ambiental impulsionado pelo Ministério do Meio Ambiente, pela primeira vez na história os ex-Ministros do Meio Ambiente dos governos Itamar Franco, Fernando Henrique Cardoso, Lula, Dilma e Temer divulgaram uma carta que declarou que a "governança socioambiental no Brasil está sendo desmontada em afronta à Constituição".

Ademais, o Tribunal de Contas da União (TCU) abriu um processo para investigar a política ambiental do governo, a pedido do subprocurador-geral do Ministério Público no TCU, que quer investigar se a política ambiental do país está comprometendo a fiscalização e a prevenção do desmatamento ilegal, bem como a necessidade de apuração se a liberação dos 169 (cento e sessenta e nove) novos agrotóxicos, promovido por Salles, cumpre as normas estabelecidas para o setor.

Desse modo, após a nomeação para o Ministério em pauta, o governo manteve o padrão vergonhoso em relação à escolha de representantes políticos para as questões do meio ambiente. Segundo a *BBC News*, o presidente da Comissão de Mudanças Climáticas do Congresso, Zequinha Marinho, afirmou, em setembro de 2019, que as mudanças climáticas não são causadas pela ação humana – o que contraria o posicionamento da maioria esmagadora da comunidade científica.

O Congresso Nacional instalou uma comissão de deputados e senadores com o objetivo de discutir o tema das mudanças climáticas e o aumento no número de queimadas na Amazônia em 2019 – contudo, causa estranhamento o fato de o próprio presidente da Comissão duvidar do consenso da comunidade científica a respeito do fato de as alterações no clima e na temperatura do planeta serem intensificados por ações nocivas praticadas pelo homem, e, fundamentando-se em crença pessoal sem qualquer embasamento científico, afirma que a influência humana é irrelevante nas questões climáticas e que os alarmes feitos pela ciência compõem um grande exagero.

Também em meados de setembro de 2019, o jornal *Folha de S. Paulo* noticiou que o ministro do Meio Ambiente compareceu a uma reunião nos Estados Unidos com representantes de uma entidade que, da mesma forma, questiona o alarmismo sobre o aquecimento global e se opõe ao Acordo do Clima de Paris, segundo a página da entidade na internet.

Além disso, o presidente questionou até mesmo os dados oficiais do governo sobre o aumento do desmatamento na Amazônia, provenientes do Instituto Nacional de Pesquisas Espaciais (INPE). Bolsonaro, ironizando sobre a gravidade dos dados, afirmou: "Com toda a devastação que vocês nos acusam de estar fazendo e ter feito no passado, a Amazônia já teria se extinguido". Em coro com o presidente, os números também são descreditados pelo ministro-chefe do Gabinete de Segurança Institucional, o general da reserva Augusto Heleno, e a ministra da Agricultura, Tereza Cristina.

Os dados do INPE indicam que desmatamento subiu 50% em 2019, totalizando 6.833 (seis mil, oitocentos e trinta e três) quilômetros quadrados devastados na Amazônia – aumentando 278% em relação a julho de 2018. Esses números, ao contrário do comportamento do presidente, não permitem que haja qualquer descaso ou ironia em relação à gravidade da presente situação – e, além de a questão ambiental não ser levada a sério pelo governo, ela é, também, afirmativamente rechaçada.

Em virtude disso, faz-se necessário ressaltar o fato de o desmatamento, além de ser um ato extremamente danoso por si mesmo, também desencadeia um complexo de ações lesivas. Diante disso, a *BBC News* publicou uma reportagem abordando que boa parte do desmatamento na Amazônia é realizada por complexas redes criminosas que se valem de assassinatos e de alianças com empresas para cumprir seus objetivos, segundo um relatório divulgado pela ONG Human Rights Watch.

O relatório documenta 28 assassinatos, a maioria ocorridos após 2015, nos quais os responsáveis tinham envolvimento com a destruição da floresta e "viam suas vítimas como obstáculos às atividades criminosas". A maioria dos mortos eram indígenas ou membros de comunidades locais contrários à exploração ilegal de madeira.

O documento diz, enfim, que ações do governo Bolsonaro têm deixado os defensores da floresta em uma posição ainda mais vulnerável e dificultado o cumprimento de metas assumidas pelo Brasil para mitigar as mudanças climáticas.

Noutro giro, o vídeo da reunião ministerial ocorrida no dia 22 de abril de 2020, divulgado pelo ex-ministro da Justiça Sergio Moro – conforme já relatado –, revelou, também, uma perigosa fala do ministro do Meio Ambiente.

Segundo o portal *G1*, Salles, na reunião ministerial, sugeriu que o governo se aproveitasse da situação de calamidade promovida pela Covid-19 para alterar regras de proteção ambiental sem o crivo do Congresso Nacional e sem o repúdio da imprensa – que, segundo ele, estaria ocupada com a cobertura da pandemia.

O ministro informou, também, que desejava "passar" as reformas infralegais de desregulamentação e simplificação em institutos como o Iphan (Instituto do Patrimônio Histórico e Artístico Nacional), o Ministério da Agricultura, o Ministério do Meio Ambiente, entre outros. Vale ressaltar que, no mesmo diálogo, Salles afirmou, expressamente, que "não precisamos do Congresso".

Em outras palavras, Salles desejava realizar reformas em matéria ambiental que favoreceriam os interesses particulares (dos ruralistas e outros grandes empresários, por exemplo) contra a preservação ambiental – que, aparentemente, não estava sequer incluída em sua agenda ministerial – e desejava fazê-lo de modo amplamente autoritário, isto é, sem a prévia aprovação do órgão responsável por editar as leis em nome do povo.

Destarte, conforme será apontado no tópico destinado a analisar os decretos e outras medidas que partem exclusivamente do Executivo, um uso regular e frequente desses institutos seria, necessariamente, letal ao regime democrático. E não só o próprio presidente, como também os seus aliados, apoiavam essa empreitada.

Poucos meses depois do fato supracitado, a Amazônia e o Pantanal encontraram-se absolutamente devastados pelas maiores queimadas já registradas. De acordo com o Centro Nacional de Prevenção e Combate aos Incêndios Florestais, 15% (quinze por cento) do Pantanal foi consumido pelas queimadas até setembro de 2020, o que equivale a 2,2 (dois vírgula dois) milhões de hectares, destruindo um dos biomas mais ricos e complexos do mundo. Já segundo a Universidade Federal do Rio de Janeiro (UFRJ), 26% (vinte e seis por cento) de todo o bioma foi consumido pelo fogo entre janeiro e setembro de 2020. O mês de outubro, por sua vez, foi o pior mês de queimadas da história do Pantanal.

E o mesmo ocorreu no Amazonas: também com base nos estudos do INPE, o estado já registrou 15,7 (quinze vírgula sete) mil focos ativos de queimadas, e o mês de agosto de 2020 registrou o maior número de queimadas para um único mês nos últimos 22 (vinte e dois) anos. Em outubro, as queimadas aumentaram 212% (cento e vinte e um) por cento em relação ao mesmo mês de 2019. A mesma fonte apontou que a Amazônia foi o bioma mais afetado pelas queimadas: 45,6% (quarenta e cinco vírgula seis por cento) dos casos registrados durante o ano ocorreram na região.

Todavia, além das queimadas, a Amazônia também registrou um aumento no desmatamento: a região teve uma área de 946 (novecentos e quarenta e seis) km² sob alerta em setembro. Outubro foi o mês com o número recorde de desmatamentos na região – do mês de junho ao mês de outubro de 2020, foi registrado um total de 4.736 km² (quatro mil setecentos e trinta e seis) de área desmatada, o que ultrapassa os números registrados nos anos de 2011 e 2012 somados. Os dados mais recentes, segundo o INPE, indicam que o desmatamento em 2020 obteve o seu maior índice nos últimos 12 (doze) anos.

Vale destacar, nesse sentido, que tais números aumentaram mesmo com a presença das forças armadas na Floresta Amazônica, na Operação Verde Brasil 2, destinada a combater os ilícitos ambientais – operação essa criticada inclusive por Gilberto Câmara, diretor do Grupo de Observação da Terra, organização ligada à ONU.

O ambientalista Carlos Durigan, diretor do programa World Conservation Society (WCS) do Brasil, alertou para o fato de que, se as autoridades não tomarem uma medida urgente, o cenário de destruição estabelecido no sul do Amazonas tende a se alastrar para a Amazônia Central, o que acarretará em uma perda de valor incalculável em termos de biodiversidade, floresta, serviços ecossistêmicos e qualidade de vida.

Ante todo o exposto, contrariando a fala de Bolsonaro no discurso proferido perante a Assembleia da ONU, em 22 de setembro de 2020, quando afirmou que as queimadas eram originadas por “índios e cablocos que queimam seus roçados em busca de sobrevivência", Vinícius Silgueiro, pesquisador do Instituto Centro de Vida (ICV), atestou que mais de 55% (cinquenta e cinco por cento) dos focos de calor das queimadas estavam concentrados em propriedades rurais, afirmando que a origem desses focos de incêndio eram áreas com forte presença humana. Júlio Sampaio da Silva, da organização World Wildlife Fund-Brasil (WWF), também apontou que as queimadas têm uma origem na ação humana, explicando que as elas começam por meio da queima de áreas rurais para renovar as pastagens. Ainda, mais um especialista, Felipe Augusto Dias, diretor-executivo da ONG SOS Pantanal, afirmou, igualmente, que são as ações humanas as origens dos focos de incêndio na região. Nesse mesmo sentido, o renomado cientista Carlos Nobre, pesquisador do Instituto de Estudos Avançados da Universidade de São Paulo e presidente do Painel Brasileiro de Mudanças Climáticas, em consonância com as demais alegações, disse que tanto os monitoramentos do INPE quanto da Nasa são capazes de mostrar que mais da metade da área queimada na região amazônica eram florestas até então intactas. O cientista prossegue afirmando que é famoso e tradicional o processo de expansão da área de agropecuária por meio de queimadas em áreas preservadas, e que a grande maioria dessa expansão é realizada por grandes propriedades rurais.

No mesmo evento, o presidente também afirmou que o agronegócio respeita a legislação ambiental brasileira. Contudo, mais uma vez os fatos concretos apontam para o sentido contrário: segundo dados fornecidos pelo Greenpeace Brasil, nove a cada dez focos de queimadas na Amazônia surgiram em áreas rurais destinadas à agropecuária, em 2019, e o relatório do Instituto de Pesquisa Ambiental da Amazônia (IPAM) informou que 71% (setenta e um por cento) das queimadas ocorridas entre janeiro e junho de 2020 iniciaram em imóveis rurais da região, destinadas à agropecuária.

Bolsonaro ainda afirmou que o Brasil é líder em conservação das florestas tropicais, responsável por apenas 3% (três por cento) da emissão de carbono, que preserva 66% (sessenta e seis por cento) da vegetação nativa e que destina apenas 27% (vinte e sete por cento) do território nacional para a pecuária e a agricultura. Novamente, tais fatos foram desmentidos: a Global Forest Watch, ao divulgar dados da Universidade de Maryland, revelou que o Brasil foi o país que mais perdeu a cobertura vegetal primária em 2019, compondo um total de 1,3 (um vírgula três) milhão de hectares perdidos naquele ano – mais de um terço de toda a perda contabilizada mundialmente. Além disso, o cientista Carlos Nobre afirmou que, ainda que o Brasil tenha a maior floresta tropical do planeta, percentualmente falando, o Suriname, a Guiana e a Guiana Francesa têm uma floresta mais preservada.

Segundo o *El País*, as queimadas e mudanças no uso da terra são responsáveis por 80% (oitenta por cento) das emissões brasileiras de gases que aquecem o planeta e provocam as mudanças climáticas. O Brasil já esteve em quarto lugar no ranking mundial dos emissores de gases-estufa durante os anos de descontrole nos incêndios e desmatamento, como em 2005. O país saiu da lista dos dez maiores emissores apenas no ano passado, em 2019, após controlar o desmatamento na Amazônia – mas, em 2016, ainda estava na sexta posição, e se a situação sair do controle – como ocorreu com as recentes queimadas – essa posição poderá ser revertida.

Além disso, a ONG Observatório do Clima ressaltou que o Brasil oficialmente descumpriu a meta da Política Nacional sobre Mudança do Clima (PNMC), que determinava uma redução do desmatamento a uma taxa máxima de 3.925 (três mil novecentos e vinte e cinco) km^2 em 2020. Todavia, conforme informações expostas anteriormente, não surpreende o fato de o país estar 180% (cento e oitenta por cento) acima da meta, o que deverá colocar o país como o grande emissor de gases de efeito estufa nesse período.

Ainda sobre o informado pelo presidente nesse discurso, segundo os dados divulgados pelo MapBiomas, em 2019, 61,53% (sessenta e um vírgula cinquenta e três) do território nacional estava coberto por florestas. Todavia, dados do Banco Mundial mostram que países como a Guiana, Gabão, Finlândia e Japão, de dimensão territorial muito inferior à dimensão territorial do Brasil, possuem mais áreas de florestas preservadas. Ainda, de acordo com os dados do censo Agropecuário do Instituto Brasileiro de Geografia e Estatística (IBGE), o Brasil possuía 41,25% (quarenta e um vírgula vinte e cinco por cento) da sua área destinada a estabelecimentos pecuários. Já os dados do Banco Mundial consideram que o Brasil utilize cerca de 33% (trinta e três por cento) de sua área para plantação e pastos, valor esse que é próximo da média global, de 37,4% (trinta e sete vírgula quatro por cento).

A respeito disso, o ministro do Meio Ambiente, em agosto de 2020, anunciou que as ações de combate ao desmatamento ilegal na Amazônia seriam suspensas. Contudo, o vice-presidente Hamilton Mourão afirmou que o ministro Ricardo Salles havia se precipitado ao anunciar a suspensão das operações.

O fato acima, bem como todos os demais expostos neste tópico, são capazes de desconstruir mais uma fala de Bolsonaro na Assembleia Geral da ONU, em que afirmou que os crimes ambientais são combatidos com rigor e determinação, e que o seu governo mantém uma política de tolerância zero em relação aos crimes ambientais. A sua fala não procede em razão do fato de, desde o início do seu governo, os crimes ambientais terem aumentado alarmantemente, em razão do desmonte da política ambiental em curso, denunciada por diversas organizações ambientais.

Da mesma forma, o cientista Carlos Nobre afirma que o Brasil não faz um combate rigoroso aos crimes ambientais, haja vista que esse combate foi muito mais efetivo de 2005 a 2014, época em que o desmatamento foi reduzido para menos de 5 (cinco) mil km^2 por ano, mesmo com o avanço da produção da agropecuária na Amazônia.

Além disso, a contradição da afirmação do presidente resta inquestionavelmente evidente clara: além de todos os afrouxamentos na fiscalização ambiental, em março de 2020, o presidente do Ibama, Eduardo Bim, anulou a regra que definia que a instituição deveria autorizar a saída de todos os carregamentos de madeira do país, que servia para reforçar o controle sobre a exportação de madeira, na tentativa de coibir atividades criminosas – fato esse denunciado veementemente pela ONG Human Rights Watch, anteriormente mencionada.

Segundo o jornal *El País*, o governo Bolsonaro está cada vez mais pressionado pela má gestão ambiental. Em agosto de 2020, no auge das queimadas, o coronel Homero Siqueira foi exonerado do cargo de presidente do ICMBio – órgão do sistema de vigilância e fiscalização das florestas – que, seguindo os moldes do governo Bolsonaro, conforme informado anteriormente por este tópico, substituiu técnicos ambientais por militares que não possuíam especialidade na área ambiental.

Diante desse cenário deplorável, segundo a *Folha de S. Paulo*, o Ministério Público Federal (MPF) está tentando afastar judicialmente Ricardo Salles do Ministério do Meio Ambiente, por uma ação de improbidade administrativa, ajuizada em 6 de setembro de 2020. A instituição alega que ele age com dolo contra o meio ambiente, em razão de o ministro promover, ativamente, o desmonte da política ambiental no país. Além disso, ainda alega que Salles segue praticando atos que flexibilizam regramentos e a fiscalização ambiental, que contribuem para o aumento dos índices de desmatamento e queimadas.

E, não sem razão, o MPF está tentando remover o ministro do cargo: mais recentemente, em novembro de 2020, o superintendente do Ibama na Bahia, Rodrigo Santos Alves, nomeado por Salles, cancelou os atos promovidos pelo seu próprio corpo técnico para liberar obras de um *resort* de luxo a ser construído na Praia do Forte (BA), numa região protegida pelo projeto Tamar, programa do ICMBio para proteção dos animais marinhos, onde há procriação de tartarugas marinhas. O superintendente não só retirou uma multa de

R$ 7,5 (sete vírgula cinco) milhões que havia sido aplicada pelos técnicos do Ibama, como também anulou a decisão que paralisava a obra.

Não obstante, em setembro de 2020, Salles também tentou promover uma resolução que fragilizava a proteção de áreas de restinga e manguezais. Juntamente com o Conselho Nacional do Meio Ambiente (Conama), o ministro conseguiu aprovar a mudança que facilitava a exploração imobiliária nas respectivas áreas. Todavia, a resolução foi suspensa por decisão do STF.

Tendo em consideração todos esses fatos, não há como questionar que a agenda do atual governo, em especial no tocante à questão ambiental, viola profundamente a Constituição (artigo 225). Contudo, além dessa grave violação, o descaso e a negligência em situações tão cruciais quanto a narrada podem acarretar em consequências irreversíveis.

3.5 A NEGLIGÊNCIA DE BOLSONARO DURANTE A PANDEMIA DEVASTADORA DA COVID-19

Conforme brevemente pontuado no tópico 3.4.5, Bolsonaro, desde o início da pandemia decorrente da covid-19 no Brasil, mostrou-se veementemente contrário a todas as recomendações da OMS e da ciência no combate ao vírus.

Além de ter repudiado, por diversas vezes, a adoção da medida de isolamento social por parte dos estados, o presidente chegou a recomendar um medicamento (hidroxicloroquina) para o tratamento do vírus cuja eficácia não foi comprovada e que gera graves efeitos colaterais, remédio esse que, inclusive, não é recomendado pelas autoridades de saúde. Desse modo, ao adotar um comportamento evidentemente destrutivo, o Brasil tornou-se um dos epicentros do coronavírus no mundo.

Quando questionado sobre o alto número de mortes em função da doença (que na época ultrapassou o número de mortes na China, país onde se originou o vírus, quantificando 5.017 mortes), Bolsonaro demonstrou enorme desprezo ao responder, hostilmente: “E daí? Lamento. Quer que eu faça o quê? (...). Não faço milagre”. Tal fala foi amplamente repudiada, inclusive por diversos governadores e por parlamentares, conforme relatou o portal *G1*.

Diante da fala repugnante e da absoluta negligência no combate à pandemia no Brasil, Bolsonaro foi denunciado por genocídio pela Associação Brasileira de Juristas pela Democracia (ABJD) ao Tribunal Penal Internacional (TPI), conforme relatou o jornal *Estado de Minas*. A associação alega que o presidente está cometendo um crime contra a humanidade ao adotar “atitudes irresponsáveis que, por ação ou omissão, colocam a população em risco”. Os ex-ministros da saúde, Alexandre Padilha, Arthur Chioro e Humberto Costa também denunciaram Bolsonaro ao alto comissariado de direitos humanos da Organização das Nações Unidas (ONU), acusando-o de violar o direito humano à saúde, à vida e por potencial genocídio pelo não cumprimento das recomendações das autoridades sanitárias e da OMS no combate ao coronavírus, segundo a *Folha de S. Paulo*.

Em outra ocasião, durante um discurso proferido perante a Assembleia Geral da ONU em setembro de 2020, o presidente Bolsonaro afirmou, equivocadamente, que havia concedido um auxílio emergencial à população cuja soma das parcelas resultaria em aproximadamente mil dólares – todavia, na cotação atual, mil dólares equivalem a mais de R$ 5.400,00 (cinco mil e quatrocentos reais), quando, em realidade, o somatório das parcelas do referido auxílio foi consideravelmente menor: R$ 4.200,00 (quatro mil e duzentos reais). Além do erro grosseiro, também alegou que "parcela da imprensa brasileira politizou o vírus (...). Sob o lema 'fique em casa' e a 'economia a gente vê depois', quase trouxeram caos social ao país", criticando, mais uma vez, as orientações feitas pelas autoridades de saúde sobre a pandemia – que, por sua vez, mostrou-se fatalmente descontrolada no país.

O comportamento de Bolsonaro, em realidade, representa a voz da elite brasileira que não hesita perante a escolha entre a vida e a economia. De modo a manter o seu *status quo*, praticamente exige que a vida das pessoas das classes mais baixas – as mais vulneráveis por diversas razões, dentre elas a impossibilidade de realização de trabalho remoto – seja sacrificada para que a economia, o polo mais importante dessa equação, se preserve, em detrimento da catástrofe humanitária que iminentemente isso viria a gerar. A tal respeito, o jornal *El País* publicou uma reportagem na qual o psicanalista Christian Dunker afirma que o movimento pró-Bolsonaro apenas escancara a ideia de existirem vidas "matáveis" – o que já existia na necropolítica brasileira.

E essa mesma elite é uma das molas propulsoras do estado de exceção, que, desde os primórdios da história brasileira contemporânea, sempre nos rodeou – conforme explicado pela historiadora Lilia Schwarcz no livro *Sobre o autoritarismo brasileiro*. A classe dominante, diante de qualquer risco ou ameaça aos seus privilégios, é capaz de mover todo o aparato estatal para manter as divisões sociais intactas.

A historiadora, em entrevista concedida à *BBC News Brasil*, também afirma que, embora a pandemia esteja evidenciando a força de novas líderes mulheres, também abre uma porta grande para governos de caráter autoritário. Alega, em adição, que tem muita preocupação com o enrijecimento do autoritarismo, e que a pandemia "pegou o mundo em um momento de uma nova onda autoritária". Por fim, finaliza seu pensamento com um questionamento muito propício no contexto deste trabalho: "O que a pandemia fará frente a líderes mundiais de raiz e matriz autoritária?"

3.6 O ENVOLVIMENTO DA FAMÍLIA BOLSONARO COM ATIVIDADES CRIMINOSAS

No final de 2018, o Conselho de Controle de Atividades Administrativas (Coaf) divulgou um relatório apontando movimentações atípicas no período de janeiro de 2016 a janeiro de 2017, no valor de R$ 1.236.838,00 (um milhão, duzentos e trinta e seis mil, oitocentos e trinta e oito reais), em uma conta bancária de titularidade de Fabrício José Carlos Queiroz, policial militar e ex-assessor parlamentar de Flávio Bolsonaro, filho do presidente Jair Bolsonaro, senador do Rio de Janeiro e então deputado estadual. Na época das movimentações, Queiroz exercia as funções de motorista e segurança de Flávio.

De acordo com o banco responsável pela conta, as movimentações financeiras seriam incompatíveis com o patrimônio, a atividade econômica ou ocupação profissional e a capacidade financeira do ex-assessor parlamentar Fabrício José Carlos Queiroz.

No período, pelo menos oito funcionários do gabinete de Flávio Bolsonaro fizeram depósitos que totalizaram R$ 150 (cento e cinquenta) mil na conta de Queiroz, sempre em datas posteriores aos pagamentos dos salários. Uma das movimentações de Queiroz mencionadas pelo relatório é um cheque de R$ 24 (vinte e quatro) mil emitido em favor da primeira-dama Michelle Bolsonaro, justificado como o pagamento de um empréstimo de R$ 40 mil. Recentemente, a revista *Crusoé* revelou que, em realidade, o depósito realizado na conta da primeira dama totalizou o montante de R$ 89 (oitenta e nove) mil.

Diante da fundada suspeita, o Ministério Público do Rio de Janeiro (MPRJ) abriu um procedimento de investigação de possível lavagem de dinheiro e ocultação de patrimônio. Convocado a prestar esclarecimentos ao MP, Queiroz não compareceu nas duas vezes, alegando problemas de saúde – no entanto, foi gravado dançando no hospital em que estava internado, de acordo com a revista *Exame*. Flávio Bolsonaro, por sua vez, recusou-se a prestar depoimento invocando a prerrogativa de parlamentar, que foi concedida em junho de 2020 pelo Tribunal de Justiça do Rio de Janeiro (TJSJ). O MPRJ recorreu da decisão, e atualmente aguarda julgamento no STF.

Em seguida, em janeiro de 2019, foi revelado que Flávio Bolsonaro recebeu em sua conta 48 depósitos no valor de dois mil reais no prazo de um mês, totalizando R$ 96 (noventa e seis) mil. De acordo com o senador eleito, os valores referem-se ao pagamento do excedente por uma permuta de imóveis realizados com o ex-jogador de vôlei Fábio Guerra, que confirmou a versão. Entretanto, as datas dos depósitos não coincidem com as apontadas na escritura do imóvel.

Além de tudo, o gabinete do então deputado federal Jair Bolsonaro atestou a frequência da filha de Fabrício Queiroz, Nathalia de Melo Queiroz, onde supostamente exercia a função de assessora parlamentar, remunerada com cerca de 10 (dez) mil reais e benefícios. Todavia, a ex-assessora trabalhava como "*personal trainer*" em horário comercial durante o período em que esteve empregada no gabinete, mas nunca teve falta ou licença registrada, segundo o jornal *O Globo*.

Finalmente, após mais de dois anos de investigação, em novembro de 2020, o MPRJ denunciou Flávio Bolsonaro pelas práticas acima descritas, tipificadas pelos crimes de peculato, apropriação indébita, lavagem de dinheiro e organização criminosa. Além de Flávio, também foram denunciados o seu ex-assessor Fabrício Queiroz, apontado como o operador do esquema, e outros quinze ex-assessores.

Além de todas essas evidências, deparamo-nos ainda com outras cuja natureza ilícita é indubitável: Flávio Bolsonaro, durante seu mandato como deputado federal, mantinha Raimunda Veras Magalhães e Danielle Mendonça da Costa Nóbrega em seu gabinete, sendo elas, respectivamente, mãe e esposa de Adriano Magalhães Nóbrega –segundo o MP, um dos líderes de um dos grupos milicianos mais perigosos do Rio, o Escritório do Crime. O atual senador negou ter sido responsável pelas nomeações, mas os fatos, em si mesmos, atestam que não se trata de uma simples coincidência: Raimunda, inclusive, é mencionada no relatório do Coaf como sendo responsável por parte dos depósitos feitos na conta do ex-motorista Fabrício Queiroz.

A milícia é acusada de extorsão de moradores e comerciantes, agiotagem, pagamento de propina e grilagem de terras, e, não obstante, é suspeita de estar envolvida no brutal assassinato da deputada e ativista de direitos humanos Marielle Franco, figura opositora dos ideais corroborados por Jair Bolsonaro e por ele desprezada. Apesar de o assassinato ter provocado comoção em toda a comunidade (inclusive a internacional), foi investigado de maneira morosa e ineficaz – a própria Anistia Internacional chamou atenção dos entes públicos brasileiros devido ao descaso na condução da investigação de um fato tão grave –, e, três anos depois, embora os suspeitos tenham sido presos, ainda não se descobriu quem ordenou o crime.

Flávio Bolsonaro sequer tentou dissimular sua relação com milicianos: ele propôs uma "menção de louvor e congratulações" ao major da polícia militar Ronald Paulo Alves Pereira, acusado de ter sido um dos integrantes da chacina Via Show – em que policiais militares torturaram e mataram quatro adolescentes na zona norte do Rio de Janeiro – e a mesma homenagem foi feita ao miliciano Adriano Magalhães Nóbrega, um dos suspeitos de ter assassinado Marielle Franco.

Finalmente, todas essas evidências nos permitem concluir que a relação entre a milícia e a família Bolsonaro – aliás, entre a família Bolsonaro e atividades criminosas – não é uma simples pressuposição, mas um fato incontroverso.

Diante dessa situação, o sociólogo José Cláudio Souza Alves, em entrevista à revista Época, elaborou uma precisa avaliação do cenário exposto e o que ele representa dentro do contexto sociopolítico brasileiro.

Souza Alves, estudioso da violência no Rio de Janeiro, analisou que a figura de Queiroz, no momento atual do país, representa a formação de um aparato militar do governo. Para o pesquisador, Queiroz faz conexão entre a estrutura política do poder central do país, tida como legal e democrática, e a estrutura política e econômica montada pelas milícias no Rio de Janeiro, estrutura essa facilmente capaz de executar qualquer pessoa que atue como um obstáculo aos interesses do grupo – como foi o caso Marielle. Justamente por isso, há o interesse em esconder a figura do Queiroz, de modo a impossibilitar qualquer investigação em relação ao que ele oculta.

Segundo o sociólogo, a aproximação ideológica entre a figura do assassino que atua dentro da estrutura policial e aqueles que representam hoje o poder central do Brasil deve ser analisada como uma "espécie de carta branca para violência do país" – e os fatos que serão posteriormente abordados por este texto irão corroborar com a teoria elaborada pelo pesquisador.

3.7 TROCA DA DIRETORIA GERAL DA POLÍCIA FEDERAL E DA SUPERINTENDÊNCIA DO RIO DE JANEIRO

Conforme relatado no tópico 3.3, o ex-ministro da Justiça, Sergio Moro, ao sair do governo de Bolsonaro, afirmou que a troca da diretoria geral da Polícia Federal foi motivada por interesses pessoais do presidente – e, de modo a comprovar sua fala, prestou depoimento à Polícia Federal, ocasião em que se exibiu o vídeo da reunião interministerial ocorrida no dia 22 de abril de 2020.

Segundo o *El País*, o mencionado vídeo retrata que Bolsonaro pressionou Moro para que trocasse a superintendência da PF do Rio de Janeiro, bem como o fato de ele já estar sugerindo a troca da diretoria geral da Polícia Federal desde o final de 2019, com o objetivo de proteger familiares – haja vista que o presidente também afirmou que a Polícia Federal estava perseguindo sua família.

No depoimento também consta que, embora nenhum dos filhos do presidente seja oficialmente alvo de investigações da Polícia Federal, Flávio Bolsonaro é investigado pela Polícia Civil do Rio de Janeiro por suposto esquema de apropriação indevida dos salários dos seus antigos assessores, e contra Carlos Bolsonaro há a suspeita de que ele comandaria uma rede de disseminação de *fake news* a favor do presidente, fato este investigado por uma CPI no Congresso.

Ao ser questionado por tais informações, bem como se a mudança da diretoria geral da Polícia Federal ocorreu por motivações políticas, Bolsonaro afirmou, respectivamente, que no vídeo da reunião interministerial não há a menção das palavras *superintendente* ou *Polícia Federal*, e mandou os jornalistas "calarem a boca" – e, muito possivelmente, o destempero do presidente representa uma confirmação das indagações dos jornalistas; do contrário, não haveria necessidade de nenhuma sugestão de censura.

É importante destacar o fato de que, desde o fim de abril deste ano, há um inquérito em curso na Polícia Federal que investiga cinco crimes cometidos por Bolsonaro: falsidade ideológica, coação no curso do processo, advocacia administrativa, prevaricação e obstrução da justiça.

Segundo o jornal *Folha de S. Paulo*, Moro relatou que, na reunião ministerial ocorrida em 22 de abril de 2020, o presidente insistiu no pedido de relatórios de inteligência e informação da PF. Segundo as palavras do próprio ex-ministro, "o presidente relatou verbalmente que precisava de pessoas de sua confiança, para que pudesse interagir, telefonar e obter relatórios de inteligência." No depoimento de Moro também consta o fato de que o presidente afirmou que iria interferir em todos os ministérios, e, caso não fosse possível trocar o superintendente da PF no RJ, trocaria o diretor-geral da PF e até mesmo o ministro da Justiça – o que, de fato, aconteceu, ainda que por meios indiretos.

Nesse mesmo relato, foi dito que Bolsonaro queria nomear Alexandre Ramagem, diretor da Agência Brasileira de Inteligência, para substituir o cargo de diretor-geral da PF – o que, segundo Moro, pelo fato de Ramagem ter ligações próximas com a família do presidente, afetaria a credibilidade da Polícia Federal. Essa indicação, contudo, foi vetada pelo STF. O indicado para o cargo, em substituição à primeira opção, foi Rolando de Souza, e um dos seus primeiros atos no cargo foi trocar a chefia da superintendência da PF no RJ.

Além disso, o empresário Paulo Marinho relatou à *Folha de S. Paulo* sobre o vazamento de uma investigação da Polícia

Federal ao senador, filho do presidente, Flávio Bolsonaro – conjuntamente com as acusações feitas pelo ex-ministro da Justiça, a PF irá investigar se houve a tentativa de intervenção política na corporação por parte de Bolsonaro.

Marinho também revelou que, segundo informação obtida diretamente de Flávio Bolsonaro, um delegado da Polícia Federal antecipou ao filho do presidente, em outubro de 2018, que a operação "Furna da Onça" seria realizada, e essa operação foi adiada para que não interferisse no desempenho de Jair Bolsonaro nas eleições de 2018. O desdobramento da operação revelou, posteriormente, o episódio acerca do esquema de "rachadinha" no Gabinete de Flávio Bolsonaro, envolvendo Fabrício Queiroz – caso relatado no tópico imediatamente anterior a este. Ainda, de modo a confirmar as alegações feitas pelo empresário, o juiz federal Abel Gomes, relator da operação "Furna da Onça" no TRF-2, afirmou que a operação foi adiada para não interferir no resultado das eleições de 2018.

Tendo em vista o exposto, não restam dúvidas a respeito de que Bolsonaro realizou interferências políticas na Polícia Federal, de modo a manipular a corporação a seu favor e garantir a impunidade diante de crimes praticados por ele próprio ou por membros de sua família, como o próprio presidente afirmou, de maneira clara e visivelmente exaltada, no vídeo divulgado da reunião ministerial.

Destarte, como exaustivamente exposto neste texto, Bolsonaro pretende governar apenas para si e para sua família, aproveitando-se, ainda, do seu poder enquanto presidente da República para finalizar – e sobretudo expor, de maneira grotesca e alarmante – uma estrutura de poder inteiramente construída sob os pressupostos de uma obscura e macabra exceção.

3.8 OS DECRETOS PROMOVIDOS POR BOLSONARO

Retomando a teoria de Agamben, o filósofo tratou, logo no início do seu livro *O estado de exceção*, sobre a utilização das medidas de caráter provisório em regimes democráticos. Conforme mencionado no início deste trabalho, o autor chamou atenção para o fato de que, embora o uso provisório e controlado das medidas provisórias seja teoricamente compatível com as constituições democráticas, um uso sistemático e regular desse instituto pode liquidar a democracia de uma nação.

As medidas provisórias ou os decretos têm a peculiar característica de inverter a hierarquia entre lei e regulamento – hierarquia essa que é a base das constituições democráticas – na medida em que delegam ao Executivo um poder que é, essencialmente, do Legislativo (AGAMBEN, 2004).

Nessa esteira, Agamben também afirma que uma das características essenciais do estado de exceção é justamente a abolição provisória da distinção entre os Poderes Legislativo, Executivo e Judiciário, até, enfim, a abolição transformar-se, gradualmente, de algo provisório em algo duradouro (AGAMBEN, 2004).

No entanto, é o filósofo americano Carl J. Friedrich, também mencionado no início do texto, quem aborda de maneira precisa a hipótese formulada pelo livro, ao afirmar que as medidas excepcionais, amparadas no suposto objetivo de defender a Constituição democrática, são, ao contrário, aquilo que a destrói.

Essa destruição, entretanto, pode partir da própria Constituição. O paradoxo alarmante para o qual chamamos atenção é o fato de o ordenamento jurídico abrigar dispositivos – sejam eles a lei marcial, o estado de defesa, o estado de sítio ou os poderes de emergência constitucionais – em que esse mesmo ordenamento jurídico pode ser suspenso, a critério do governante.

Contudo, não há nenhuma salvaguarda institucional capaz de garantir que esses poderes de emergência serão efetivamente usados com o objetivo de salvar a Constituição – e tais dispositivos quase ditatoriais dos sistemas constitucionais modernos não são capazes de exercer controles efetivos sobre a concentração dos poderes. Consequentemente, todos os institutos constitucionais correm o risco de serem transformados em sistemas totalitários, se condições favoráveis se apresentarem (AGAMBEN, 2004); e, tendo em vista o que já foi exposto e o que ainda será abordado, essas condições favoráveis têm sido fortemente fomentadas no Brasil atual.

O que caracteriza tanto o regime fascista quanto o nazista é, como se sabe, o fato de terem deixado subsistir as constituições vigentes, fazendo acompanhar – segundo um paradigma que foi sutilmente definido como "estado dual" – a constituição legal de uma segunda estrutura, amiúde não formalizada juridicamente, que podia coexistir ao lado da outra, graças ao estado de exceção (AGAMBEN, 2004).

Agamben ainda aborda que a explícita declaração de um estado de exceção tem sido progressivamente substituída por uma generalização, sem precedentes, do paradigma da segurança como técnica normal de governo – utilizando-se, para tanto, dos decretos ou das medidas provisórias (AGAMBEN, 2004).

Em relação a isso, o mesmo autor traz em sua obra o fato de a prática de legislação por meio de decretos com força de lei ter sido iniciada durante a 1a Guerra Mundial, e que, desde então, passou a ser uma conduta amplamente aceita nas democracias ocidentais. Assim, na Itália, nesse mesmo período, o decreto-lei, instrumento derrogatório e excepcional de produção normativa, transformou-se em uma fonte ordinária de produção do Direito. É nesse contexto, portanto, que o pertencimento do decreto de urgência ao âmbito problemático do estado de exceção aparece com clareza (AGAMBEN, 2004).

É possível constatar, voltando aos dias atuais, que a contundente afirmação de Agamben – qual seja, a intrínseca relação entre a legislação dominada por decretos e o estado de exceção como paradigma de governo – pode ser observada em plena atividade no Brasil.

De acordo com o Jornal *Correio Braziliense*, Bolsonaro bateu o recorde de decretos nos primeiros 150 dias de governo desde o governo Collor, editando um total de 157 decretos nesse período. O presidente chegou a afirmar que "com a caneta eu tenho muito mais poder do que você. Apesar de você, na verdade, fazer as leis, eu tenho o poder de fazer decreto", dirigindo-se ao então presidente da Câmara, Rodrigo Maia – e essa afirmação, por si, tem o condão de esclarecer, na prática, a hipótese elaborada por Agamben.

Durante 2019, Bolsonaro editou um total de 538 decretos. Entre eles, os que geraram maior polêmica foram os Decretos ns. 9.845, 9.846 e 9.847, editados pelo decreto n. 10.030, que dispõem sobre a aquisição, o cadastro, o registro e a posse de armas de fogo e de munição para civis, caçadores, colecionadores e militares.

De acordo com o jornal *Estadão*, O Ministério Público Federal, ao constatar a ilegalidade e a inconstitucionalidade de tais decretos, elaborou uma nota técnica destinada ao Congresso Nacional para que as medidas fossem afastadas. Um dos pontos questionados foi a liberação automática da aquisição de armas de fogo, de uso permitido ou de uso restrito, por todo e qualquer membro das Forças Armadas ou polícia, sem a necessidade de comprovação de antecedentes criminais. A nota também chama atenção para um dos dispositivos do Decreto que insinua a dispensa aos proprietários de armas de fogo de comprovarem a inexistência de antecedentes criminais na renovação do Certificado de Registro de Arma de Fogo junto à Polícia Federal.

A procuradoria ressaltou que existem policiais e militares investigados por envolvimento com organizações criminosas e milícias, e indica que tal dispensa pode ampliar o risco de transferência de arsenais para atividades ilícitas.

O MPF afirmou, ainda, que o Decreto n. 10.030, que regulamenta os Decretos ns. 8.945, 8.947 e 8.948, liberou a aquisição, pela população civil, de rifles e fuzis semiautomáticos – armas de grande poder destrutivo.

Após tais exposições, vale ressaltar uma observação feita por Agamben: a metáfora bélica tornou-se, no decorrer do século XX, parte integrante do vocabulário político presidencial sempre que se tratava de impor decisões (AGAMBEN, 2004).

Em virtude do exposto, faz-se necessário destacar, nos termos no filósofo italiano, que os Decretos-leis constituem a tal ponto a forma normal de legislação que puderam ser definidos como "projetos de lei reforçados por urgência garantida". Isso significa que o princípio democrático da divisão dos poderes está caduco, e que o Poder Executivo absorveu, de fato, ao menos em parte, o Poder Legislativo. O Congresso não é mais o órgão soberano a quem compete o poder exclusivo de elaborar as leis – ele se limita a ratificar os decretos do Poder Executivo (AGAMBEN, 2004).

3.9 VIOLÊNCIA POLICIAL

O mesmo teórico também afirmou na obra ora retratada que o totalitarismo moderno pode ser definido por meio do estado de exceção ou por meio de uma guerra civil legal (AGAMBEN, 2004). Desse modo, a criação de um estado de emergência permanente, ainda que não declarado em sentido técnico, tornou-se uma das práticas essenciais dos estados contemporâneos, inclusive dos chamados democráticos.

O autor, ao tratar do contexto da 1ª Guerra Mundial, afirmou que o estado de exceção – e o livro aponta para o fato de que foi justamente a partir do fim da 1ª Guerra que o estado de exceção tornou-se um paradigma de governo no Ocidente – foi consolidado no momento em que a então emergência militar deu lugar a uma emergência econômica, por meio da assimilação implícita entre guerra e economia.

Tal fato resultou, enfim, na tendência moderna de fazer coincidir emergência político-militar e econômica (AGAMBEN, 2004), situação essa que, não coincidentemente, aproxima-se do atual contexto brasileiro.

Haja vista tais considerações e em observância ao anteriormente narrado, sabe-se que a união impossível entre norma e realidade é operada sob a forma de exceção pelo pressuposto de sua relação. Em outras palavras, para aplicar a norma, é necessário, em última análise, suspender a sua aplicação e produzir uma exceção. No entanto, em todos os casos, o estado de exceção marca um patamar em que lógica e *práxis* se indeterminam e onde uma pura violência sem *logos* pretende realizar um enunciado normativo sem nenhuma referência real (AGAMBEN, 2004).

Trazendo esse raciocínio à luz da discussão travada entre os teóricos Carl Schmitt e Walter Benjamin, abordada na primeira parte da , temos que a distinção entre a violência que funda o direito e a violência que o conserva – distinção essa alvo da análise benjaminiana – corresponde à oposição firmada por Schmitt, e é para neutralizar a nova figura de uma violência pura, que escapa à dialética entre poder constituinte e poder constituído, que Schmitt elabora sua teoria da soberania (AGAMBEN, 2004).

Nesse sentido, a violência pura expõe e corta o elo entre direito e violência, e pode, por consequência, aparecer não como violência que governa ou executa, mas como violência que simplesmente age e se manifesta. Portanto, a relação entre violência pura e violência jurídica, entre estado de exceção e violência revolucionária, faz-se estreita (AGAMBEN, 2004).

Assim, o desmascaramento da violência mítico-jurídica, operado pela violência pura, corresponde a uma espécie de imagem enigmática de um Direito que não é mais praticado, mas apenas estudado (AGAMBEN, 2004).

E para evidenciar tal aspecto obscuro intrínseco ao estado de exceção – a violência jurídica sem a proporcional violência pura em contrapartida –, serão expostos, em seguida, alguns dos inúmeros casos de uma violência estatal que, em tese, é respaldada pelo ordenamento jurídico – o que é capaz de elucidar, constituindo um argumento sobremaneira pungente, o caminho muito bem definido que o Brasil está percorrendo.

Em Belém (PA), quatro policiais militares e quatro civis foram acusados no caso da chacina em um bar que deixou 11 mortos, dia 19 de maio de 2019.

No Rio de Janeiro (RJ), dia 7 de abril de 2019, militares do exército dispararam 80 tiros contra um veículo que foi, supostamente, confundido com o de um criminoso. O resultado da ação atroz foi a morte de Evaldo dos Santos Rosa, músico, e de Luciano Macedo, o catador de papel que tentou socorrer Evaldo após o massacre – ambos inocentes. O músico e a sua família, que também estava no carro, iam a um chá de bebê. Em maio do mesmo ano, o STM (Superior Tribunal Militar) ordenou a soltura dos nove militares que mataram o músico e o catador, que estavam presos preventivamente.

Outro caso ocorreu em setembro de 2018, no Rio de Janeiro, quando o morador da favela Chapéu da Mangueira, Rodrigo Alexandre da Silva Serrano, garçom, esperava a mulher e os filhos com um guarda-chuva preto (estava chovendo), quando foi baleado com três tiros por policiais da UPP – ironicamente chamada de Unidade de Polícia Pacificadora. Os policiais afirmaram que confundiram o guarda-chuva com um fuzil.

Por fim, o caso de violência que mais chamou a atenção do país foi o assassinato da então vereadora Marielle Franco, dia 14 de março de 2018, no Rio de Janeiro. Ao sair de um evento à noite, Marielle foi assassinada com tiros no rosto, assim como o seu motorista, Anderson. Foram disparados 14 tiros contra o carro em que estavam. O crime, frio e truculento, evidentemente possuiu um caráter político: Marielle era uma vereadora ativista de direitos humanos que vinha denunciando a atuação violenta dos policiais em favelas do Rio de Janeiro, no momento em que começava a intervenção federal com apoio dos militares.

As principais suspeitas do assassinato são Ronnie Lessa, um policial reformado, e Elcio Vieira de Queiroz, um policial expulso da corporação, miliciano, que possui relações com a família Bolsonaro.

O *Jornal Nacional*, em novembro de 2019, revelou que um porteiro do condomínio onde o presidente mora, no Rio de Janeiro, em depoimento à Polícia Civil, afirmou que foi Jair Bolsonaro quem autorizou, horas antes do crime, a entrada de Élcio Queiroz no condomínio, um dos milicianos suspeitos do assassinato de Marielle. Ele teria se encontrado com Ronnie Lessa, o outro suspeito, que também morava naquele condomínio. Pouco depois da reportagem, o filho do presidente, Carlos, admitiu em suas redes sociais que havia obtido as gravações da portaria do condomínio – enquanto essas gravações estavam sendo solicitadas pelos investigadores –, o que pode ser considerado como obstrução da Justiça.

Mais recentemente, segundo o portal *G1*, em maio de 2020, o estudante João Pedro Mattos Pinto, de 14 anos, foi baleado durante uma operação conjunta das polícias Federal e Civil no complexo do Salgueiro, em São Gonçalo, no estado do Rio de Janeiro. A família e as testemunhas afirmam que os policiais simplesmente atiraram, arbitrariamente, na casa onde João e seus amigos estavam, devido a uma perseguição policial – não se importando se as balas ou se as granadas iriam atingir pessoas completamente inocentes, o que, de fato, ocorreu.

Dentre os ataques, é possível constatar que todos possuem um elemento em comum: ou o agente é a própria polícia ou há, ao menos, o envolvimento da polícia.

Esses fatos, todavia, só precedem a uma discussão estreita com o estado de exceção quando se visualiza nitidamente que a polícia é uma força do Estado, e representa, em última instância, a violência estatal legitimada por uma suposta democracia, utilizando-se do subterfúgio de manter a ordem e o controle social para praticar a denominada violência que realiza uma medialidade sem fins.

Nesse sentido, os fatos acima abordados correspondem com exatidão ao pensamento elaborado por Agamben (2004), quando afirma que o aspecto normativo do Direito pode ser impunemente eliminado e contestado por uma violência governamental que, ao ignorar no âmbito externo do Direito Internacional e produzir no âmbito interno um estado de exceção permanente, pretende, no entanto, ainda aplicar o Direito.

Infelizmente, os massacres cometidos por policiais não são eventos raros no Brasil e ocorrem há décadas – destacando-se os mais atrozes, como o massacre do Carandiru, em 1992, e o massacre da Candelária, em 1993. A grande questão, no entanto, diz respeito ao aumento da frequência desses ataques.

De acordo com o portal *G1*, o número de assassinatos praticados por policiais cresceu 18% em 2018, e, no primeiro semestre de 2019, subiu 4%. Segundo o jornal *Folha de S. Paulo*, o número de pessoas mortas pela polícia bateu recorde de 2014 a 2018, totalizando 6.220 casos. Isso significa que, a cada 10 mortes violentas no Brasil, uma é causada por policiais.

É necessário destacar, por fim, o fato de que a impunidade ainda é a marca dos massacres cometidos por policiais. Dessa maneira, um país que autoriza a força estatal a cometer massacres – e infere-se tal autorização a partir do momento em que as condutas criminosas dos policiais não são punidas ou sequer devidamente investigadas – é um país cujo rumo a um concreto e ao mesmo tempo ambíguo e incógnito estado de exceção está, definitivamente, trilhado.

3.10 O DISCURSO DO BOLSONARO

Segundo o sociólogo Max Weber, existem três tipos de dominação: a tradicional, a legal e a carismática. A carismática é ligada a um conceito abstrato de autoridade, elaborado pela doutrina como o poder original e pessoal de um chefe, baseado não em um ordenamento pré-existente, mas em um carisma pessoal. A aparente originalidade desse referido tipo de dominação deriva justamente da suspensão ou da neutralização da ordem jurídica – em última instância, o estado de exceção. O carisma, nesse sentido, coincide com a neutralização da lei, e não com uma figura mais original do poder (AGAMBEN, 2004).

Tendo em vista o exposto, o discurso do Bolsonaro – isto é, sua figura pessoal – se apresenta como um dos aspectos mais problemáticos do atual governo. Considerando-se que ele é por muitos tratado como "Messias", "o salvador da pátria", entre outras qualificações igualmente "místicas" – ainda que não tenha realizado, de fato, algo concreto que pudesse sequer aproximá-lo do leque de nomes que a ele são atribuídos –, é possível perceber, nitidamente, que sua representação, no imaginário de seus seguidores, desvincula-se por completo de quem ele realmente é: o Bolsonaro se tornou alvo de uma idealização que conferiu a ele o poder carismático – e instável – definido por Max Weber.

A respeito disso, a historiadora Lilia Schwarcz (2019) afirma que, no momento em que o discurso – e, nesse caso, o discurso da própria figura mitológica, Bolsonaro – vira mitologia, ele perde sua capacidade crítica para ser lido apenas de uma forma e a partir de um só pressuposto. E tal afirmação corresponde à reação dos seguidores do presidente ao se depararem com outras versões sobre a mesma pessoa: uma reação profundamente intolerante e violenta.

O discurso de um presidente da República, afinal, não é um discurso pessoal; é o discurso do representante, democraticamente eleito, de uma nação. Dessa forma, o presidente tem o condão de "legitimar" ou "normalizar" condutas, na medida em que está na função de um mero porta-voz de milhões de pessoas – extrapolando a dimensão particular do discurso e reverberando as vozes de todo um país.

Em virtude do exposto, será realizada, a seguir, uma análise das falas do atual presidente, bem como do impacto por elas acarretado.

3.10.1 Declarações de caráter misógino

No mês de abril de 2019, Bolsonaro, ao falar sobre a imagem do Brasil no exterior, afirmou: "Quem quiser vir aqui fazer sexo com uma mulher, fique à vontade". Tendo em vista que o Brasil enfrenta, há décadas, o gravíssimo problema do turismo sexual (inclusive em relação a menores de idade), o teor da afirmação é absolutamente leviano. O presidente demonstrou desconhecer a realidade do país que ele próprio representa ao incentivar uma conduta que tem sido veementemente condenada e denunciada por parte dos estados ao longo dos anos.

Em outra situação, em 2017, Bolsonaro fez a seguinte afirmação em relação aos seus filhos (quatro homens e uma mulher): "Foram quatro homens, a quinta eu dei uma fraquejada e veio mulher". O caráter misógino da afirmação resta autoexplicativo, na medida em que ele considerou uma "fraqueza" ter tido uma filha do gênero feminino.

Em contexto apartado do anterior, em março de 2018, Bolsonaro participou de uma entrevista em que foi questionado se aumentaria o número de mulheres no ministério, ocasião em que respondeu: "Não é questão de gênero. Tem que botar quem dê conta do recado. Se botar as mulheres vou ter que indicar quantos afrodescendentes?". Aparentemente incapaz de realizar a diferenciação entre dois problemas distintos – a desigualdade de gênero e a desigualdade racial –, Bolsonaro demonstrou um desprezo generalizado em relação às minorias, em conformidade com sua afirmação, feita em 2017, de que as minorias devem se curvar para as maiorias. E, diga-se de passagem, os ministros indicados por Bolsonaro, em sua maioria homens, tampouco estão "dando conta do recado", conforme restou amplamente demonstrado no Tópico 2.4.

O presidente mantém essa postura em relação às mulheres – e aos seus direitos – há muito tempo. Em 2014, por exemplo, o presidente afirmou: "Eu tenho pena do empresário no Brasil, porque é uma desgraça você ser patrão no nosso país, com tantos direitos trabalhistas. Entre um homem e uma mulher jovem, o que o empresário pensa? 'Poxa, essa mulher está com aliança no dedo, daqui a pouco engravida, seis meses de licença-maternidade'(...)". Todavia, a despeito da fala do atual presidente, a situação por ele relatada, de fato, ocorre com frequência – e é em razão disso que o mercado de trabalho para as mulheres grávidas, com filhos ou em idade fértil, é um terreno de difícil acesso: ou não conseguem um emprego por se encontrarem nas ditas condições ou são demitidas pelo suposto ônus que o empregador terá ao empregar uma mulher que é ou que poderá ser mãe. Apesar de esse ser um problema histórico e que urge ser enfrentado com a maior seriedade possível, o presidente tem se apresentado inerte (quando não agindo em sentido radicalmente oposto).

Por fim, em um discurso na Câmara dos Deputados em 2003, Bolsonaro proferiu uma de suas declarações mais indecorosas e truculentas, dirigida à deputada Maria do Rosário: afirmou que não a estupraria porque ela não merecia. Logo depois, explicou a fala, afirmando que "ela não merecia ser estuprada porque ela é muito ruim, porque ela é muito feia, não faz meu gênero, jamais a estupraria." Devido a essa fala, inclusive, foi condenado a pagar danos morais à deputada.

O esdrúxulo comentário, embora passados mais de dez anos desde o ocorrido, continua a provocar discussões – e o porquê é evidente: sem maiores dificuldades de apreensão do conteúdo, Bolsonaro foi claro, nessa e em todas as outras afirmações, quanto ao seu desdém em relação à figura da mulher em si.

3.10.2 Declarações de caráter racista

Embora o Brasil seja o país com a maior população negra fora do continente africano, ele também é, em contrapartida, um dos países mais racistas do mundo – as consequências dos mais de três séculos de escravidão até os dias atuais.

Em pleno 2020, apesar da intensa fortificação do movimento negro ao longo das últimas décadas, a sociedade brasileira ainda se encontra estagnada em relação à condição das pessoas negras, colocando-as, por diversas vezes, na mesma posição de inferioridade.

Questão cuja imensa gravidade é indiscutível, chegando a ser denunciada por órgãos internacionais, aparenta ser reproduzida no discurso do presidente da República – o que nos leva, imediatamente, a algumas conclusões: se o próprio presidente é adepto do discurso racista em dos países mais racistas do mundo, é nítido que não só estamos estagnados quanto ao avanço em um problema social tão vergonhoso quanto esse como também caminhamos, retroativamente, para uma mentalidade análoga à escravocrata, o que pode ser inferido pelos depoimentos a seguir, todos do presidente da República.

Em uma palestra no Clube Hebraica, em 2017, Bolsonaro proferiu a seguinte frase: "Eu fui num quilombola em Eldorado Paulista. Olha, o afrodescendente mais leve lá pesava sete arrobas. Não fazem nada! Eu acho que nem para procriador ele serve mais. Mais de R$ 1 bilhão por ano é gastado com eles."

Bolsonaro, mais uma vez desinformado, tratou a situação de maneira equivocada. A informação que se tem é a de que o orçamento para as comunidades quilombolas têm despencado – houve uma redução de 97% nos últimos 5 anos, informação datada de 2018 – e, em 2019, o valor destinado a essas comunidades, não surpreendentemente, corresponde a cerca de 1% do valor afirmado pelo presidente.

Contudo, uma das frases que mais geraram espanto no que toca ao tema então abordado foi proferida em resposta a Preta Gil, em 2011, quando Bolsonaro foi questionado sobre o que faria se um de seus filhos se apaixonasse por uma mulher negra. Na ocasião, respondeu: "Ô, Preta, eu não vou discutir promiscuidade com quem quer que seja. Eu não corro esse risco porque meus filhos foram muito bem-educados e não viveram em ambientes como lamentavelmente é o teu". Ao que parece, o atual presidente não demonstrou se importar caso sua frase assumidamente racista fosse tida, publicamente, como tal – atitude que, apenas por si, comprova que não se trata de declarações isoladas, mas de um pensamento muito bem definido e consolidado pelo presidente.

3.10.3 Declarações de caráter homofóbico

Ao longo de sua trajetória política, Jair Bolsonaro posicionou-se de maneira veementemente contrária à comunidade LGBT, e seus mais maldosos comentários são destinados a esse grupo.

Em maio de 2002, Bolsonaro foi questionado a respeito de uma foto do ex-presidente FHC, em que posava ao lado de uma bandeira LGBT e defendia a união civil entre os membros da comunidade. Paradoxalmente, respondeu: "Não vou combater nem discriminar, mas, se eu vir dois homens se beijando na rua, vou bater". Vale ressaltar a evidente contradição presente na fala: se há qualquer tipo de agressão, necessariamente há discriminação – inclusive, em seu mais alto grau.

Seu posicionamento tornou-se tão radical a ponto de Bolsonaro proferir, em 2011, uma de suas frases mais bárbaras: "Seria incapaz de amar um filho homossexual. Não vou dar uma de hipócrita aqui. Prefiro que um filho meu morra num acidente do que apareça com um bigodudo por aí". E tal frase foi proferida em um país onde há uma morte a cada 23 horas por homofobia.

3.10.4 Declarações a favor da ditadura

Conforme tratado por este tópico, o atual presidente foi capaz de proferir comentários infundados, e, sobretudo, preconceituosos – ferindo, diretamente, os princípios basilares da Constituição Federal de 1988 e todos os seus ideais. Todavia, por mais absurdas que as falas tenham sido, esse absurdo torna-se ainda mais denso e mais grave quando constatamos que o presidente de uma república democrática, ataca, despudoradamente, a própria democracia pela qual foi eleito.

As ocasiões em que Jair Bolsonaro defendeu regimes militares e ditatoriais não foram excepcionais ou pontuais, muito pelo contrário: são declarações proferidas, paulatinamente, ao longo de sua trajetória política.

Em 1998, questionado numa entrevista à revista *Veja* sobre a ditadura chilena de Pinochet, o atual presidente afirmou que "Pinochet devia ter matado mais gente". Aparentemente, as mais de 40.000 mortes ou desaparecimentos, a tortura de milhares de prisioneiros e o exílio de 200 mil chilenos não foram suficientes para Bolsonaro. Vale ressaltar, também, que a ditadura chilena foi considerada a mais cruel dos regimes militares da América do Sul.

Em 1999, Bolsonaro afirmou, com essas exatas palavras, que era favorável à tortura.

Em 2016, disse que "o erro da ditadura [brasileira] foi torturar e não matar".

Também em 2016, ao proferir seu voto no *Impeachment* da ex-presidente Dilma, afirmou: "Pela memória do coronel

Carlos Alberto Brilhante Ustra, o pavor de Dilma Rousseff, pelo exército de Caxias, pelas Forças Armadas, pelo Brasil acima de tudo e por Deus acima de tudo, o meu voto é sim". O torturador coronel Ustra era o chefe do DOI-Codi durante a ditadura militar, e torturou a ex-presidente Dilma Rousseff. Nenhuma atitude poderia ser tão indecorosa quanto a do então parlamentar, que, em pleno Congresso Nacional, homenageou o torturador da presidente do próprio país.

Em junho de 2017, durante uma palestra em Porto Alegre, afirmou: "Sou capitão do Exército, minha missão é matar".

Em março de 2019, nos 55 anos do golpe militar de 1964, Bolsonaro afirmou que não houve ditadura militar no Brasil, posicionamento endossado pelo ministro das Relações Exteriores, Ernesto Araújo: "Eu não considero um golpe. Considero que foi um movimento necessário para que o Brasil não se tornasse uma ditadura. Não tenho a menor dúvida disso. Essa é minha leitura da história", declarou o chanceler, durante audiência no Congresso. As repugnantes afirmações, desse modo, só revelam a vergonhosa falta de conhecimento histórico do Bolsonaro e dos membros do seu governo.

Nessa mesma ocasião, Jair Bolsonaro disse que o coronel Brilhante Ustra é um "herói nacional" – elogiando, novamente, os trabalhos do torturador.

Também em 2019, Bolsonaro atacou Fernando Santa Cruz, o presidente da OAB: "Se o presidente da OAB quiser saber como o pai desapareceu no período militar, eu conto para ele. Ele não vai querer saber a verdade. Conto pra ele. Não foram militares que mataram ele, não. É muito fácil culpar os militares por tudo que acontece", insinuando que o motivo de seu desaparecimento foi sua participação em guerrilhas da oposição.

No entanto, a conclusão que culpa os militares é, de fato, a mais razoável, haja vista que o regime ficou conhecido pelo enorme número de desaparecimentos e pela perseguição dos seus opositores – e o número de desaparecimentos foi altíssimo justamente porque o próprio regime ocultava as mortes provocadas pelas suas perseguições.

Assim, os comentários revelam uma profunda – até mesmo deliberada – ignorância sobre a história e sobre fatos que hoje são incontestáveis. A partir do momento em que os fatos históricos são refutados por meio de opiniões infundadas e revestidas de intolerância e autoritarismo, cria-se um ambiente hostil a qualquer tipo de debate construtivo, dando lugar, assim, à proliferação incessante de achismos – que, como consequência imediata, transformam-se em *fake news.*

Observa-se, enfim, que as declarações do presidente possuem uma natureza comum – de declarações de ódio contra grupos minoritários a apologias a regimes ditatoriais –, todas elas, diretamente, afrontam o estado democrático de direito consagrado na Constituição de 1988.

Dessa forma, é mais do que razoável admitir que, em um país verdadeiramente democrático, uma pessoa como Bolsonaro seria imediatamente reconhecida como um risco à democracia, e suas atitudes são merecedoras de repúdio – nesse contexto, de forma alguma, ele teria sido escolhido como o representante da nação. De tal modo, se Bolsonaro, apesar de todo o exposto, conseguiu vencer as urnas em 2018, isso significa que o Brasil já estava percorrendo, de forma efetiva, um caminho que necessariamente viria a cruzar com o estado de exceção.

3.11 ASSASSINATOS E AGRESSÕES OCORRIDAS DURANTE AS ELEIÇÕES DE 2018

Diretamente relacionado com o exposto anteriormente, a manchete de uma reportagem da *Folha de S. Paulo* revela, pertinentemente, que a eleição presidencial de 2018 foi marcada pela violência – por assassinatos, agressões e ameaças – conquistando o temeroso título de a eleição mais violenta da história do país.

Essa assombrosa constatação exige, por sua vez, uma análise mais acurada em relação ao conjunto de circunstâncias que levaram essa eleição a ser marcada pela desmedida violência.

Em primeiro lugar, sabe-se que o Brasil, desde meados de 2015, têm acirrado os ânimos políticos por conta do início da recessão econômica no país – e esse sentimento desembocou, necessariamente, numa descrença em relação ao fazer-político e aos políticos em si.

Tal indignação, contudo, é potencialmente perigosa, haja vista que é mais influenciada pelas paixões vinculadas à política do que por um pensar e agir político propriamente dito. Dessa maneira, a população brasileira, amargurada em suas velhas insatisfações, perdeu-se em uma ira cega em relação aos demais políticos e procurou refúgio no candidato que se dizia diferente dos políticos tradicionais.

Não há nada de mais velho e ultrapassado do que se dizer diferente dos políticos tradicionais, e, no entanto, perseguir um comunismo fantasioso que não ameaça o país; perseguir grupos minoritários; vangloriar os militares, o poderio bélico e afirmar a força pela violência. O discurso de Bolsonaro, como demonstrado no tópico anterior, é inequivocamente permeado por todos esses elementos – elementos que a história brasileira já teve a infeliz oportunidade de experimentar. Dessarte, o rumo desse tipo de discurso não poderia ser outro senão uma resposta igualmente violenta às suas palavras.

As palavras de um representante político com a visibilidade de um candidato à presidência da República reverberam a intolerância e o radicalismo incrustado naqueles que o apoiam. É possível afirmar, dessa forma, que o discurso de Bolsonaro é o responsável por permitir e legitimar os atos, que, por sua vez, foram instigados por ele.

É preciso ponderar, entretanto, que a Constituição de 1988 possui uma estrutura discursiva diametralmente oposta à postura do atual presidente: o Texto Constitucional afirma a igualdade de gênero, raça, cor ou origem, inclusive vedando qualquer tipo de discriminação; e dispõe com clareza a igualdade de direitos e de liberdades salvaguardados a todos os cidadãos – abrangendo, assim, o pluralismo de pensamentos e de ideologias políticas.

Tendo em vista essa contradição, deparamo-nos com duas figuras dissonantes que regem a nação: a primeira é o presidente da República, que é o chefe de estado e de governo, eleito pela população; a outra é a Constituição Federal, que, ao menos supostamente, deveria subordinar e orientar a conduta de todos os representantes do poder.

A balança entre esses dois polos, contudo, está longe do equilíbrio: um desses discursos tem prevalecido – o discurso intolerante de Bolsonaro –, enquanto os ideais afirmados pela Constituição têm sido cada vez mais perseguidos e rechaçados pelos apoiadores do governo.

Conforme o exposto na introdução deste trabalho, o teórico alemão Ferdinand Lassalle afirma que a Constituição de uma nação só será eficazmente aplicada quando ela representar, de fato, os fatores reais que regem o poder dessa nação – e o questionamento também abordado na introdução foi justamente a respeito da eficácia da Constituição de 1988 perante os verdadeiros fatores reais que regem a nação brasileira.

Diante do evidente desequilíbrio, a infeliz constatação é a de que a Carta de 1988, numa tentativa de impulsionar o progresso e delinear as diretrizes mais adequadas ao país, tem quedado à sombra de outros elementos do poder, o que fez com que sua força tenha se dissipado fugazmente.

Como será demonstrado ao longo do desenvolvimento deste tópico, o discurso de Bolsonaro não é apenas nocivo à democracia enquanto exclusivamente restrito à dimensão discursiva: seu discurso é extremamente perigoso exatamente porque provoca efeitos ainda mais nocivos na dimensão prática.

3.11.1 Os casos concretos de violência durante as eleições

De acordo com o jornal *El País*, o mestre de capoeira e ativista cultural Romoaldo Rosário da Costa, mais conhecido como Moa do Katendê, foi assassinado com 12 facadas no dia 8 de outubro de 2018, em um bar localizado em Salvador, na Bahia. O autor confesso do crime, Paulo Sérgio Ferreira de Santana, disse à polícia que o assassinato teve motivação política. De acordo com a declaração que deu às autoridades, Santana, que votou e defendeu o candidato Jair Bolsonaro, discutia com o dono do local, que votou em Fernando Haddad, quando Moa uniu-se à conversa para também defender o petista. O assassino, então, agrediu o capoeirista até a morte em razão da divergência política.

No mesmo período, o jornal *Justificando* relatou que, em cinco dias, três mulheres transexuais foram assassinadas a facadas por apoiadores de Jair Bolsonaro.

O portal Uol, por sua vez, disse que um jovem foi morto a tiros durante uma carreata a favor do candidato Fernando Haddad, na noite de 27 de outubro de 2018, em Pacajus, na Grande Fortaleza; e que um estudante universitário homossexual afirma ter sofrido agressões físicas e verbais no dia 19 de outubro de 2018 por apoiadores do então candidato à presidência, Bolsonaro.

Ainda, segundo a *BBC News*, faltando pouco mais de duas semanas para a votação do segundo turno das eleições presidenciais, o número de relatos sobre episódios de violência e agressões verbais ou físicas aumentou em diversos estados. Os casos envolveram ataques físicos e xingamentos, em sua maioria contra as mulheres, homossexuais e transexuais – grupos que, conforme já relatado, são alvo de repúdio por parte do atual presidente.

As agressões por motivação política reportadas às autoridades atingiram a casa das centenas – no entanto, é provável que o número de agressões, em realidade, tenha sido maior.

Desse modo, faz-se necessário apontar o fato de que os ataques foram praticados, em sua maioria, por apoiadores de Jair Bolsonaro, sendo uma consequência direta e previsível do discurso inteiramente calcado na eliminação física de grupos minoritários e em uma intolerância radical e generalizada por parte do atual presidente.

Por fim, diretamente relacionado com o impacto prático do discurso de Bolsonaro, a Anistia Internacional do Brasil lançou, dia 21 de maio de 2019, a ação "Brasil para todo mundo", documento que aborda as principais preocupações do país desde o início da administração de Jair Bolsonaro. A ação advertiu que o discurso antidireitos humanos, que marcou toda a trajetória política do presidente, inclusive a campanha eleitoral de 2018, está começando a se concretizar em medidas e ações que ameaçam e violam os direitos humanos de todas as pessoas no Brasil.

> Em outubro de 2018, logo após o fim do processo eleitoral, alertamos que as posições de Bolsonaro representavam um risco concreto para os direitos humanos no país. Temos acompanhado atentamente seu governo, e, infelizmente, nossa preocupação começa a se justificar: o governo de Bolsonaro tem adotado medidas que ameaçam o direito à vida, à saúde, à liberdade, à terra e ao território de brasileiros que, estejam no campo ou na cidade, desejam uma vida digna e livre do medo", afirma Jurema Werneck, Diretora Executiva

> da Anistia Internacional no Brasil, que completa: "São medidas que podem afetar milhões de pessoas. E, para nós, um país justo não exclui seus cidadãos. Um Brasil justo é um Brasil para todo mundo.

As medidas e ações do governo de Jair Bolsonaro, listadas pela Anistia Internacional como fonte de preocupação na ação lançada, são: a flexibilização da regulação sobre o porte e a posse de armas, que pode contribuir com o aumento do número de homicídios no Brasil; a nova política nacional sobre drogas, que eleva o caráter punitivo de tais políticas e atenta contra o direito à saúde; o impacto negativo sobre diretos de povos indígenas e quilombolas; a tentativa de ingerência indevida no trabalho das organizações da sociedade civil que atuam no Brasil; diversas disposições do pacote anticrime (como, por exemplo, a flexibilização da regulação da legítima defesa para o uso da força e de armas de fogo por parte da polícia); medidas contrárias aos direitos das vítimas à verdade, à justiça e à reparação pelos crimes de direito internacional cometidos pelo Estado durante o regime militar; ataques à independência e à autonomia do Sistema Interamericano de Direitos Humanos; manutenção da retórica antidireitos humanos pelas autoridades de alto nível, incluindo o presidente da República, o que poderia legitimar diversas violações aos direitos humanos.

> Em 2017, a Anistia Internacional mostrou que o Brasil era um dos países mais perigosos das Américas para os defensores de direitos humanos, e a Global Witness revelou que era o mais arriscado do mundo para quem defende os direitos humanos relacionados à terra e o meio ambiente. É urgente que o presidente Jair

> Bolsonaro adote medidas para reverter este quadro, respeite os tratados internacionais dos quais o Brasil é signatário, garanta liberdade de atuação para pessoas e organizações que atuam no país pela construção de uma sociedade melhor, e abandone seu discurso antidireitos humanos, que legitima violações contra determinados grupos, diz Erika Guevara-Rosas, diretora da Anistia Internacional para as américas.

Haja vista todo o exposto, resta nítido que o Brasil se encontra em um fértil ambiente para a consolidação de um estado de exceção que, sem dúvida, já se manifesta de modo não mais latente: está sendo aberto um espaço de completo vazio jurídico em uma nação cuja Constituição está cada vez mais distante de sua realidade e cujo representante é totalmente avesso aos preceitos democráticos.

3.12 CENSURA E AS MANIFESTAÇÕES PRÓ-BOLSONARO ABERTAMENTE ANTIDEMOCRÁTICAS

Tendo em vista o fato de que a democracia pressupõe a ampla pluralidade de pensamentos – que são, frequentemente, veiculados pela mídia –, é preciso reconhecer que a liberdade de expressão é um dos pilares fundadores do regime democrático, justamente por permitir a construção de um espaço em que as diferentes ideias dos diferentes grupos da sociedade civil coexistam harmonicamente.

Em observância ao exposto, quando esse direito é colocado em xeque pelos próprios agentes do governo – sejam eles do Executivo, do Legislativo ou do Judiciário – subentende-se, de modo praticamente automático, um sinal de que o ambiente não se encontra mais propício para discussões no âmbito democrático.

O caso de censura mais controverso que tivemos durante esse governo partiu, paradoxalmente, de membros da Corte que, em tese, deveria salvaguardar a Constituição – e, conseguintemente, zelar pela plena liberdade de imprensa.

O ministro do STF, Alexandre de Moraes, determinou que o *site O Antagonista* e a revista *Crusoé* retirassem do ar reportagens e notas que envolviam o presidente da Corte (Dias Toffoli) com Marcelo Odebretch, sob pena de multa diária de R$ 100.000,00 (cem mil reais). A reportagem revelou uma informação constante nos autos da Operação Lava Jato, em que o empreiteiro Marcelo Odebrecht afirmou que o personagem que ele cita em um *e-mail* como "amigo do amigo de meu pai" era Dias Toffoli, conforme revelaram *O Antagonista* e *Crusoé*.

A respeito dessa mesma questão – a censura aos meios de comunicação" –, Bolsonaro, por sua vez, ficou conhecido por tratar a imprensa com hostilidade. No cerimonial de posse do governo, ele impôs uma série de restrições aos jornalistas: de acordo com o *El País*, até o ano de 2014, todos os profissionais da imprensa recebiam convites VIPs para se movimentarem por todos os pontos em que o presidente circulasse – já na cerimônia de posse de Bolsonaro, apenas os profissionais dos veículos que convergiam com seus interesses receberam os convites.

Nesse sentido, o recente levantamento da Federação Nacional dos Jornalistas (FENAJ) apontou que, dos 208 ataques a veículos de comunicação e jornalistas registrados em 2019, Bolsonaro foi responsável por 121 deles – quantificando 58% do total de ataques. Diante do resultado negativo do levantamento, Bolsonaro se limitou a responder de maneira irônica em sua página do Twitter.

A resposta denota a falta de seriedade do presidente ao lidar com assunto tão importante quanto a liberdade de imprensa – assim como muitos outros, tão ou mais importantes. Esse padrão, portanto, escancara o fato de Bolsonaro não ter demonstrado, ao menos até o presente momento, nenhuma pretensão em zelar pela vitalidade das nossas instituições democráticas.

Não obstante, as recentes manifestações favoráveis ao governo, realizadas em maio de 2020, possuem um discurso que ultrapassa o latente e costumeiro autoritarismo compartilhado por seus apoiadores: o discurso, agora, passou a ser abertamente antidemocrático. O estado de exceção, nesse sentido, nunca esteve tão dramaticamente exposto, após a redemocratização quanto no atual momento vivido pela história brasileira.

Isso pode ser constatado pelo fato de que, dia 3 de maio de 2020, o dia mundial da liberdade de imprensa, manifestantes a favor do Bolsonaro protestaram pelo fechamento do Congresso Nacional e do Supremo Tribunal Federal – respectivamente, os representantes da população brasileira para a redação das leis e o órgão da jurisdição ao qual é atribuída a guarda da Constituição –, e, ainda, agrediram, com chutes e socos, jornalistas e suas equipes. A manifestação violenta contou com a presença do presidente, que não mencionou em momento algum as agressões contra os jornalistas e o frequente ataque à imprensa por parte de seus apoiadores. Dias antes, em 19 de abril de 2020, Bolsonaro também compareceu em outra manifestação que pedia por um golpe militar que fechasse o Congresso Nacional e o STF, defendendo também o AI-5.[3]

Ao comparecer e estimular manifestações de tal caráter, Bolsonaro cometeu um crime de responsabilidade por atentar contra o livre exercício do Poder Legislativo, o Congresso Nacional, e do Poder Judiciário, o Supremo Tribunal Federal, nos termos do art. 85, II, da Constituição, e do art. 4º, II, da Lei n. 1.079/50 (Lei do Impeachment).

Desse modo, quando uma parcela da população demanda pelo fechamento de instituições vitais à democracia, e quando o representante de uma nação apoia atos que atacam a democracia que ele supostamente representa, isso significa que a raiz dessa própria democracia – qual seja, a vontade popular – já está, efetivamente, corrompida; e as estruturas corroídas do que resta dessa democracia são, ao mesmo tempo, as estruturas que constroem e fomentam, cada dia mais, o estado de exceção patente no Brasil.

3.13 AÇÕES DE *IMPEACHMENT* CONTRA BOLSONARO

Em razão do apresentado pelo tópico anterior – o comparecimento e o endosso de Bolsonaro a manifestações de ca-

[3] O Ato Institucional n. 5 foi o quinto decreto promovido pelo regime militar instalado com o golpe de 1964, que tornou o país uma ditadura. Foi o ato que iniciou o endurecimento do regime militar, que, entre outras ações, fechou o Congresso Nacional, suspendeu direitos políticos e determinou a censura no país.

ráter abertamente autoritário, que pediam pelo fechamento do Congresso Nacional e do STF –, bem como por ter agido com manifesta negligência diante da pandemia da covid-19 no Brasil, Bolsonaro foi enquadrado em diversos crimes de responsabilidade.

Até o dia 1º de junho de 2020, foram protocolados 41 pedidos de *impeachment* na Câmara dos Deputados contra Bolsonaro – no entanto, apenas um deles foi apreciado pelo presidente da Câmara, Rodrigo Maia, e foi indeferido.

Em relação à morosidade de Maia, um grupo de advogados impetrou um mandado de segurança no STF para obrigar o presidente da Câmara a apreciar o pedido de *impeachment* protocolado por eles no dia 31 de março, haja vista que inexiste regra que estabeleça o prazo para a apreciação desses pedidos. A respeito disso, Maia se pronunciou, afirmando que analisará os pedidos em um momento adequado, de modo a não agravar a crise institucional pela qual passa o país, segundo o jornal *Correio Braziliense*.

Tendo em vista o exposto, ainda que a Constituição da República esteja sendo profundamente ameaçada – tanto no nível da letra seca da lei quanto no nível dos princípios e valores democráticos e republicanos por ela difundidos –, as instituições democráticas, que deveriam zelar e proteger a vitalidade de seu texto, quedam-se inertes (ou, no mínimo, agindo de maneira muito aquém do exigido pela gravidade da situação) diante do início de uma das maiores rupturas vividas pelo Brasil. E, conforme a tese do jurista italiano Giorgio Agamben, dessa ruptura resulta o vazio jurídico destinado à emersão do estado de exceção que paira sobre a nação brasileira.

4 CONCLUSÃO

A Constituição de 1988 foi o marco que encerrou a ditadura militar, tendo como principal desafio consolidar as bases para a afirmação da então recente democracia, e, para tanto, criou instituições que deveriam ser sólidas o bastante para suportar crises políticas e para estabelecer, definitivamente, garantias para o exercício dos direitos e das liberdades dos brasileiros.

Contudo, de modo oposto ao atribuído pela corrente jurídica Positivista – que coloca a Constituição como o ponto máximo no ordenamento jurídico, que subjuga todos as normas dela derivadas, e, por consequência, subjuga todo o poder do Estado –, tendo em vista a exaustiva exposição dos recentes fatos ocorridos no Brasil, tornou-se perceptível que a nobre missão da Constituição brasileira foi interrompida pela colisão com outro trajeto: a perseguição, de maneira clara e retilínea, rumo ao estado de exceção. Aliás, há séculos o Brasil tem trilhado semelhante caminho dúplice: de um lado, o impulso e a esperança do progresso; de outro, o incessante controle por uma máquina política construída em cima de interesses particulares.

Em relação à mutabilidade das constituições e à inerente ressignificação do seu texto, o filósofo italiano Giorgio Agamben abordou que é importante ter em vista o contemporâneo processo de transformação das constituições democráticas entre as duas guerras mundiais, sobretudo quando se analisam os nascimentos dos regimes ditatoriais da Itália e da Alemanha. O autor alerta para um grande perigo que já foi consumado e que levou a terríveis consequências: o estado de exceção no governo Alemão foi justificado no plano constitucional pelo teórico Carl Schmitt, a partir da ideia de que o presidente agia como guarda da Constituição – no entanto, uma democracia protegida não é uma democracia, e o paradigma da ditadura constitucional funciona, em realidade, como uma fase de transição que leva fatalmente à instauração de um regime totalitário. Foi desse modo que, desde então, a "democracia protegida" tornou-se a regra nas democracias ocidentais contemporâneas (AGAMBEN, 2004).

Nesse contexto, faz-se de suma importância destacar o pensamento do jurista italiano: se o termo *ditadura* é totalmente inadequado para explicar o ponto de vista jurídico dos regimes fascista e nazista, a estrita oposição entre democracia e ditadura é também inadequada e enganosa para uma análise dos paradigmas governamentais hoje dominantes (AGAMBEN, 2004).

Nos termos do raciocínio proposto, se por um lado o vazio jurídico de que se trata no estado de exceção parece absolutamente impensável pelo Direito, por outro esse impensável se reveste, para a ordem jurídica, de uma relevância estratégica decisiva, que, de modo algum, pode-se deixar escapar: para o Direito, esse espaço vazio é o estado de exceção como dimensão constitutiva (AGAMBEN, 2004).

Percorrendo essa mesma ideia, deparamo-nos, ainda, com paradoxo intrínseco às constituições ocidentais, que, em sua grande maioria, inserem no próprio Texto Constitucional dispositivos que são capazes de anular essa mesma ordem jurídica. São dispositivos, conforme as explicações anteriores, utilizados sob o pretexto de salvaguardar a existência da ordem constitucional – no entanto, na ausência de um efetivo controle sobre a motivação e a aplicação concreta desses institutos, não há nada que, de fato, possa garantir que eles não serão absorvidos por um duradouro estado de exceção: nos termos do próprio filósofo, uma democracia protegida não é uma democracia (AGAMBEN, 2004, p. 29).

Considerando-se, então, o paradoxo de a Constituição prever, em si, algo como um "botão de autodestruição", a seguinte reflexão torna-se iminente: qual seria o interesse do constituinte ao inserir disposições cuja fundamentação teórica é deficiente e abstrata, mas cujos efeitos na prática são imediatos e ameaçadores? Ou, melhor, ao interesse de quem serviria a suspensão indeterminada do sistema responsável por assegurar a todos os direitos individuais e coletivos? Dessa forma, a redação das constituições ocidentais a partir da 1ª Guerra Mundial revela, de maneira explícita, o estado de exceção enquanto paradigma de governo propriamente dito – e até mesmo as ditas constituições mais democráticas não são imunes ao projeto obscuro que envolve a elaboração do Texto Constitucional.

E é significativo que semelhante transformação da ordem constitucional, que hoje ocorre em graus diversos em todas as democracias ocidentais, apesar de bem conhecida pelos juristas e pelos políticos, permaneça totalmente despercebida por parte dos cidadãos: exatamente no momento em que gostaria de dar lições de democracia a culturas e tradições diferentes, a cultura política do Ocidente não se dá conta de haver perdido por inteiro os princípios responsáveis por sua fundação (AGAMBEN, 2004).

Assim, se em última instância o ordenamento jurídico prescinde da criação de uma exceção para que a norma possa ser aplicável (ao suspender provisoriamente sua eficácia), se a exceção se tornar a regra, a máquina jurídico-política não poderá mais funcionar. E essa tentativa do poder estatal de anexar-se à anomia por meio do estado de exceção é desmascarada pelo filósofo Walter Benjamin por aquilo que ela realmente é: uma ficção jurídica por excelência que pretende manter o Direito em sua própria suspensão como força de lei (AGAMBEN, 2004).

O Direito e anomia, embora distantes, são, ao mesmo tempo, solidários. É como se o universo do direito – e, de modo mais geral, a esfera da ação humana enquanto Direito – se apresentasse, conforme explanado no Capítulo 2, como o campo de forças percorrido por duas tensões conjugadas e opostas: uma que vai da norma à anomia, e outra que, da anomia, leva à lei e à regra (AGAMBEN, 2004).

Daqui resulta um duplo paradigma que marca o campo do Direito com uma ambiguidade essencial: de um lado, uma tendência normativa em sentido estrito, que visa cristalizar-se num sistema rígido de normas cuja conexão com a vida é, porém, problemática, senão impossível – o estado perfeito de direito em que tudo é regulado por normas; e, de outro lado, uma tendência anômica que desemboca no estado de exceção (AGAMBEN, 2004).

Enquanto resulta da dialética entre esses dois elementos em certa medida antagônicos, mas funcionalmente ligados, a antiga morada do Direito é frágil, e, em sua tensão para manter a própria ordem, já está sempre num processo de ruína e decomposição. O estado de exceção é o dispositivo que deve, então, articular e manter juntos esses dois aspectos da máquina jurídico-política (AGAMBEN, 2004).

Em outras palavras, enquanto os dois elementos permanecem ligados, mas conceitual e temporalmente distintos, sua dialética, embora fundada sobre uma ficção, pode, entretanto, funcionar de algum modo. Mas, quando o estado de exceção em que eles se ligam e indeterminam torna-se a regra, o sistema jurídico-político transforma-se em uma máquina letal (AGAMBEN, 2004).

Em conclusão, o Brasil é uma República, em termos formais, desde 1889 – no entanto, é inquestionável o fato de o país não refletir genuinamente, em sua realidade política, os ideais republicanos. A Constituição de 1988, promulgada praticamente um século após a Proclamação da República, serviu, desse modo, como uma espécie de pacto republicano a ser honrado pelas nossas instituições, constitucionalizando o nosso ainda projeto de uma verdadeira República.

Entretanto, passados mais de 30 anos desde a positivação dessa "esperança republicana", o Brasil se encontra, mais uma vez, como uma vítima da premeditação de Marx: "A história se repete: a primeira vez como tragédia, e a segunda como farsa". E, se o fracasso dos ideais republicanos após a Proclamação da República em 1889 pode ser considerado uma tragédia, o esvaziamento de sentido do texto da Constituição de 1988 foi, certamente, uma farsa – farsa essa desmascarada pelas intactas estruturas de poder consolidadas há séculos, que, ao mesmo tempo que temem o progresso da nação, também insistem em direcionar a trajetória do país a um iminente estado de exceção.

Haja vista o exposto, nos momentos em que o pacto republicano alcança o ápice de sua crise, levando à exposição das profundas fraturas das nossas instituições democráticas e na consequente inocuidade do texto da Lei Fundamental, a face obscura do Brasil – isto é, aquela dominada por uma máquina jurídico-política letal à democracia – vem à tona. Nos momentos de aguda instabilidade, o Brasil traz à superfície o seu potencial estado de exceção, que, em realidade, nunca deixou de existir – apenas permaneceu, por ora, velado e indecifrável – levando em conta, nesse caso, as considerações anteriores, que, à declaração de um estado de exceção propriamente dito, tem sido preferível à utilização desgovernada do instituto das medidas excepcionais.

A respeito desses fatos, Lilia Schwarcz, no livro *Sobre o autoritarismo brasileiro* (2019), expõe de maneira muito precisa – e em um momento um tanto propício – as raízes do atual e iminente estado de exceção em que vivemos: o nosso passado escravocrata, o espectro do colonialismo, as estruturas de mandonismo e patriarcalismo, a corrupção, a discriminação racial, as manifestações de intolerância de gênero, sexo e religião voltaram a reaparecer no cenário político brasileiro.

A historiadora prossegue em conformidade com a tese do livro, afirmando que, desde o início da nossa breve República, foram múltiplas as ocasiões em que a regra democrática foi descumprida e o Estado funcionou na base da exceção. A República militar de Deodoro da Fonseca (1889 – 1891) e de Floriano Peixoto (1891-1894) governou parte de seu período presidencial sob estado de sítio; nos anos 1920, durante a presidência de Artur Bernardes, decretou-se um estado de sítio que perdurou por quase todo o seu governo, prolongando até a ditadura do Estado Novo, de 1937 a 1945, com a centralização do poder nas mãos de Getúlio Vargas e a imposição de uma nova Constituição. Por fim, o golpe civil-militar de 1964, que destituiu um governo legitimamente eleito e implantou a ditadura, a qual, com a promulgação do AI-5, em 1968, suspendeu o direito de expressão e a liberdade dos brasileiros, entre outras diversas garantias fundamentais (SCHWARCZ, 2019).

A autora ainda afirma que, longe de ser um paradigma utilizado por governos hoje ultrapassados, esse modelo tem se convertido no fermento de uma série de políticas autoritárias, que vão ganhando forma em diferentes partes do planeta (SCHWARCZ, 2019) – tal como apontado por Agamben.

Dessa maneira, a tese deste trabalho – qual seja, a de que o estado de exceção corresponde ao atual paradigma de governo dominante na política brasileira – foi evidenciada em termos práticos, na medida em que, de fato, determinado modelo foi, sem sombra de dúvida, implementado no Brasil, à luz dos nefastos eventos recentemente vividos.

Além disso, devida demonstração levou à iminente conclusão de que a nossa Constituição, ainda que calcada em um texto amplamente democrático, não foi capaz de impedir a decadência do regime democrático e o veloz distanciamento entre o Texto Constitucional e a realidade político-jurídica brasileira – os fatores reais do poder, afinal, sobrepuseram-se às leis da nossa Constituição folha de papel.

Por fim, conforme anteriormente abordado, o teórico político Carl Friedrich pontuou que os institutos democráticos correm o risco de serem transformados em sistemas totalitários, se condições favoráveis se apresentarem (AGAMBEN, 2004). Tendo em vista todo o raciocínio desenvolvido por esta obra, restou evidente que as dadas condições favoráveis correspondem à realidade brasileira atual: desde as práticas inescusas de membros do alto escalão do Judiciário – juízes, procuradores e ministros do Supremo Tribunal Federal deliberadamente desrespeitando o devido processo legal e consequentemente desmoralizando as instituições democráticas, levando à ruína o que sobrou do nosso estado democrático de direito –; a destruição completa do nosso meio ambiente; a impunidade dos atos atrozes cometidos por agentes do próprio Estado; até a eleição de uma pessoa avessa à democracia e a tudo o que ela pressupõe, cujo medíocre e perverso projeto político é, afinal, o grande responsável pelo fim da Nova República e pelo veloz desmascaramento do vigente estado de exceção no Brasil.

REFERÊNCIAS BIBLIOGRÁFICAS

10 VEZES em que o ministro da Educação de Jair Bolsonaro polemizou nas redes sociais. *HuffPost*, 2019. Disponível em: https://www.huffpostbrasil.com/entry/polemicos-educacao-bolsonaro_br_5dd01e6ee4b01f982f02be66?guccounter=1.

A CHECAGEM, ponto a ponto, do discurso de Bolsonaro na ONU. *Em Dia-ES*, 2020. Disponível em: https://www.emdiaes.com.br/Noticias/Utilidades/a-checagem-ponto-a-ponto-do-discurso-de-bolsonaro-na-onu.

AGAMBEN, Giorgio. *Estado de exceção*. São Paulo: Boitempo, 2004.

ALESSI, Gil. O elo entre Flávio Bolsonaro e a milícia investigada pela morte de Marielle. *El País*, 2019. Disponível em: https://brasil.elpais.com/brasil/2019/01/22/politica/1548165508_401944.html.

AMADO, Guilherme. Ministro do Turismo é notificado pela justiça por ameaça a deputada. Época, 2019. Disponível em: https://epoca.globo.com/guilherme-amado/ministro-do-turismo-notificado-pela-justica-por-ameaca-deputada-24099597.

AMÂNCIO, Thiago. Número de assassinatos no Brasil cai 10% em 2018, mas polícias matam mais. *Folha de S. Paulo*, 2019. Disponível em: https://www1.folha.uol.com.br/cotidiano/2019/09/numero-de-assassinatos-no-brasil-cai-10-em-2018-mas-policias-matam-mais.shtml.

AMARAL, Ana Carolina. Decisões da gestão Bolsonaro fragilizam controle ambiental. *Folha de S. Paulo*, 2019. Disponível em: https://www1.folha.uol.com.br/ambiente/2019/08/decisoes-da-gestao-bolsonaro-fragilizam-controle-ambiental.shtml.

ANDRÉ Mendonça: conheça o novo ministro da Justiça e Segurança Públicas. Estado de Minas, 2020. Disponível em: https://www.em.com.br/app/noticia/politica/2020/04/28/interna_politica,1142506/andre-mendonca-conheca-o-novo-ministro-da-justica-e-seguranca-publica.shtml.

ANJOS, Anna Beatriz; RUDNITZKI, Ethel; SCOFIELD, Laura; CORREIA, Mariama; RIBEIRO, Raphaela. Confira o projeto que reuniu todos os pedidos de impeachment de Bolsonaro. Último Segundo, 2020. Disponível em: https://ultimosegundo.ig.com.br/politica/2020-06-01/confira-o-projeto-que-reuniu-todos-os-pedidos-de-impeachment-de-bolsonaro.html.

AO MENOS 9 dos 22 ministros de Bolsonaro são réus ou investigados em processos na Justiça. *Revista Fórum*, 2018. Disponível em: https://revistaforum.com.br/politica/ao-menos-9-dos-22-ministros-de-bolsonaro-sao-reus-ou-investigados-em-processos-na-justica/.

ARINI, Juliana. O Pantanal queima e aumenta a pressão sobre a gestão ambiental no Brasil. *El País*, 2020. Disponível em: https://brasil.elpais.com/brasil/2020-08-21/o-pantanal-queima-e-aumenta-a-pressao-sobre-a-gestao-ambiental-no-brasil.html?rel=listapoyo.

ARINI, Juliana. Pantanal sofre a maior devastação de sua história enquanto os voluntários lutam para salvar os animais. *El País*, 2020. Disponível em: https://brasil.elpais.com/brasil/2020-09-12/pantanal-sofre-a-maior-devastacao-de-sua-historia-enquanto-voluntarios-lutam-para-salvar-os-animais.html.

AS RECENTES frases de Bolsonaro que ganharam as manchetes. *IstoÉ*, 2019. Disponível em: https://istoe.com.br/as-recentes-frases-de-bolsonaro-que-ganharam-as-manchetes/.

AUXÍLIO de mil dólares? Faça as contas e confira as reações à fala de Bolsonaro. *Brasil Econômico*, 2020. Disponível em: https://economia.ig.com.br/2020-09-22/auxilio-de-mil-dolares-faca-as-contas-e-confira-as-reacoes-a-fala-de-bolsonaro.html.

BARBIÉRI, Luiz Felipe. Bolsonaro diz que vai indicar Sergio Moro para vaga no STF. *G1*, 2019. Disponível em: https://g1.globo.com/politica/noticia/2019/05/12/bolsonaro-diz-que-vai-indicar-sergio-moro-para-vaga-no-stf.ghtml.

BARIFOUSE, Rafael. Amazônia: agricultores causam maioria das queimadas, e não índios e cablocos, diz cientista Carlos Nobre. *BBC News Brasil*, 2020. Disponível em: https://www.bbc.com/portuguese/brasil-54259838.

BENITES, Afonso. Bolsonaro disse que sua família era perseguida pela PF e cobrou mudanças, relatam espectadores de vídeo. *El País*, 2020. Disponível em: https://brasil.elpais.com/brasil/2020-05-13/bolsonaro-disse-que-sua-familia-era-perseguida-pela-pf-e-cobrou-mudancas-relatam-espectadores-de-video.html.

BENITES, Afonso. Sergio Moro diz que Bolsonaro pressionou para controlar PF do Rio: "Quero apenas uma superintendência". *El País*, 2020. Disponível em: https://brasil.elpais.com/brasil/2020-05-05/sergio-moro-diz-que-bolsonaro-pressionou-por-troca-na-pf-quero-apenas-uma-superintendencia-a-do-rio-de-janeiro.html.

BENITES, Afonso; JUCÁ, Beatriz; BORGES, Rodolfo. Mandetta é demitido por Bolsonaro. *El País*, 2020. Disponível em: https://brasil.elpais.com/sociedade/2020-04-16/mandetta-e-demitido-por-bolsonaro.html.

BERGAMO, Mônica. Ex-ministros da Saúde denunciam Bolsonaro à ONU por potencial genocídio em pandemia. *Folha de S. Paulo*, 2020. Disponível em: https://www1.folha.uol.com.br/colunas/monicabergamo/2020/04/ex-ministros-da-saude-denunciam-bolsonaro-a-onu-por-potencial-genocidio-em-pandemia.shtml.

BOLSONARO bate recorde de decretos nos primeiros 150 dias desde Collor. *Correio Braziliense*, 2019. Disponível em: https://www.correiobraziliense.com.br/app/noticia/politica/2019/06/04/interna_politica,760088/bolsonaro-edita-recorde-de-decretos-desde-collor.shtml.

BOLSONARO chama coronel Brilhante Ustra de 'herói nacional'. *IstoÉ*, 2019. Disponível em: https://istoe.com.br/bolsonaro-chama-coronel-brilhante-ustra-de-heroi-nacional/.

BOLSONARO diz que Bachelet defende "direitos humanos de vagabundos". *IstoÉ*, 2019. Disponível em: https://istoe.com.br/bolsonaro-ataca-pai-de-michelle-bachelet-morto-pela-ditadura-chilena/.

BOLSONARO é denunciado em tribunal internacional por crime contra a humanidade. *Estado de Minas*, 2020. Disponível em: https://www.

em.com.br/app/noticia/politica/2020/04/03/interna_politica,1135283/bolsonaro-denunciado-tribunal-internacional-crime-contra-a-humanidade.shtml.

BOLSONARO participa mais uma vez de ato com críticas a STF e Congresso. *BBC News Brasil*, 2020. Disponível em: https://www.bbc.com/portuguese/brasil-52518123.

BOLSONARO questiona dados do próprio governo sobre desmatamento na Amazônia. *O Globo*, 2019. Disponível em: https://oglobo.globo.com/sociedade/bolsonaro-questiona-dados-do-proprio-governo-sobre-desmatamento-na-amazonia-23818978.

BORGES, André. Superintendente do Ibama nomeado por Salles cancela multa e libera obra de resort. *UOL*, 2020. Disponível em: https://noticias.uol.com.br/ultimas-noticias/agencia-estado/2020/11/19/superintendente-do-ibama-nomeado-por-salles-cancela-multa-e-libera-obra-de-resort.htm.

BOSELLI, André. Rodrigo Maia apreciou só 1 dos 29 pedidos de impeachment contra Bolsonaro. *Consultor Jurídico*, 2020. Disponível em: https://www.conjur.com.br/2020-abr-25/maia-nao-apreciou-26-27-pedidos-impeachment-bolsonaro.

BRASIL tem maior índice de desmatamento na Amazônia em 12 anos. *UOL*, 2020. Disponível em: https://noticias.uol.com.br/ultimas-noticias/reuters/2020/11/30/brasil-tem-maior-indice-de-desmatamento-na-amazonia-em-12-anos.htm.

BRASIL, 2020. Discurso do Presidente da República, Jair Bolsonaro, na abertura da 75ª Assembleia Geral da Organização das Nações Unidas (ONU). Disponível em: https://www.gov.br/planalto/pt-br/acompanhe-o-planalto/discursos/2020/discurso-do-presidente-da-republica-jair-bolsonaro-na-abertura-da-75a-assembleia-geral-da-organizacao-das-nacoes-unidas-onu.

CANTINHO, Maria João. Do conceito de Violência Divina em Benjamin ao conceito de Violência em Zizek. Maria João Cantinho, 2014. Disponível em: https://mjcantinho.com/2014/05/01/do-conceito-de-violencia-divina-em-benjamin-ao-conceito-de-violencia-em-zizek/.

CASO Marielle: o que se sabe até agora sobre o crime que completa um ano. *El País*, 2019. Disponível em: https://brasil.elpais.com/brasil/2019/03/12/politica/1552413743_367093.html.

CASTRO, Mateus. Queimadas no Amazonas em 2020 registram maior número da história. *G1*, 2020. Disponível em: https://g1.globo.com/am/amazonas/noticia/2020/10/11/queimadas-no-amazonas-em-2020-superam-recorde-de-2005-e-registram-maior-numero-da-historia.ghtml.

CIPRIANI, Juliana. Veja 10 frases polêmicas de Bolsonaro que o deputado considerou "brincadeira". *Estado de Minas*, 2019. Disponível em: https://www.em.com.br/app/noticia/politica/2018/04/14/interna_politica,951685/10-frases-polemicas-de-bolsonaro-que-o-deputado-considerou-brincadeira.shtml.

CONFIRA os principais pontos do depoimento de Moro sobre Bolsonaro. *Folha de S. Paulo*, 2020. Disponível em: https://www1.folha.uol.com.br/poder/2020/05/confira-os-principais-pontos-do-depoimento-de-moro-sobre-bolsonaro.shtml.

DANTAS, Carolina. 71% das queimadas em imóveis rurais neste ano na Amazônia ocorreram para manejo agropecuário, diz IPAM. *G1*, 2020. Disponível em: https://g1.globo.com/natureza/noticia/2020/08/04/71percent-das-queimadas-em-imoveis-rurais-neste-ano-na-amazonia-ocorreram-para-manejo-agropecuario-diz-ipam.ghtml.

DECRETOS do ano de 2019. *Planalto*, 2019. Disponível em: http://www4.planalto.gov.br/legislacao/portal-legis/legislacao-1/decretos1/2019-decretos.

DISCURSO da administração de Bolsonaro contra direitos humanos começa a se concretizar em medidas nos primeiros meses de governo. *Anistia Internacional do Brasil*, 2019. Disponível em: https://anistia.org.br/noticias/discurso-da-administracao-de-bolsonaro-contra-direitos-humanos-comeca-se-concretizar-em-medidas-nos-primeiros-meses-de-governo/.

DITADURA de Pinochet no Chile deixou mais de 40 mil mortes, diz relatório. *G1*, 2011. Disponível em: http://g1.globo.com/mundo/noticia/2011/08/novo-relatorio-sobe-para-mais-de-40000-as-vitimas-da-ditadura-de-pinochet.html.

FABRINI, Fábio. Polícia Federal vai investigar relato sobre vazamento de operação a Flávio Bolsonaro. *Folha de S. Paulo*, 2020. Disponível em: https://www1.folha.uol.com.br/poder/2020/05/policia-federal-vai-investigar-relato-sobre-vazamento-de-operacao-a-flavio-bolsonaro.shtml.

FONSECA, Nathallia. Declarações chocantes marcam mandato de Bolsonaro. Último Segundo, 2019. Disponível em: https://ultimosegundo.ig.com.br/politica/2019-08-07/declaracoes-polemicas-bolsonaro.html.

GREENWALD, Glenn; POUGY, Victor. E agora, José?: Deltan Dallagnol, em chats secretos, sugeriu que Sergio Moro protegeria Flávio Bolsonaro para não desagradar ao presidente e não perder indicação ao STF. *The Intercept Brasil*, 2019. Disponível em: https://theintercept.com/2019/07/21/deltan-dallagnol-sergio-moro-flavio-bolsonaro-queiroz/.

GREENWLAD, Glenn; REED, Betsy; DEMORI, Leandro. Como e por que o Intercept está publicando chats privados sobre a Lava Jato e Sergio Moro. *The Intercept Brasil*, 2019. Disponível em: https://theintercept.com/2019/06/09/editorial-chats-telegram-lava-jato-moro/.

GREGORIO, Rafael. Eleição de 2018 será lembrada pelos casos de violência, dizem analistas. *Folha de S. Paulo*, 2018. Disponível em: https://www1.folha.uol.com.br/poder/2018/10/eleicao-de-2018-sera-lembrada-pelos-casos-de-violencia-dizem-analistas.shtml?loggedpaywall?loggedpaywall?loggedpaywall?loggedpaywall?loggedpaywall.

GUIMARÃES, Ligia. Combinação de pandemia e governos autoritários no mundo é preocupante, diz Lilia Schwarcz. *BBC News Brasil*, 2020. Disponível em: https://www.bbc.com/portuguese/brasil-52682049.

JIMÉNEZ, Carla. Governo Bolsonaro mantém relação crispada com a imprensa. *El País*, 2019. Disponível em: https://brasil.elpais.com/brasil/2018/12/31/opinion/1546270947_826679.html.

JORNALISTAS são agredidos em ato estimulado por Bolsonaro. *Brasil de Fato*, 2020. Disponível em: https://www.brasildefato.com.br/2020/05/03/jornalistas-sofrem-agressao-em-ato-estimulado-por-bolsonaro.

JUCÁ, Beatriz. Brasil perde segundo ministro da saúde sob pressão de Bolsonaro para abrir economia e por uso da cloroquina. *El País*, 2020. Disponível em: https://brasil.elpais.com/brasil/2020-05-15/brasil-perde-

-segundo-ministro-da-saude-sob-pressao-de-bolsonaro-para-abrir-economia-e-por-uso-da-cloroquina.html.

LASSALE, Ferdinand. *O que é uma constituição?* São Paulo: Edições e Publicações Brasil, 1933.

LIMA, Beá; OLIVEIRA, Joana; BETIM, Felipe. Morte, ameaças e intimidação: o discurso de Bolsonaro inflama radicais. *El País*, 2018. Disponível em: https://brasil.elpais.com/brasil/2018/10/09/politica/1539112288_960840.html.

LINDNER, Julia. Bolsonaro diz que evitará imprensa após relatórios sobre ataques a jornalistas. *O Estado de S. Paulo*, 2019. Disponível em: https://politica.estadao.com.br/noticias/geral,bolsonaro-diz-que-evitara-imprensa-apos-relatorio-sobre-ataques-a-jornalistas,70003168168.

MADEIRO, Carlos; GAMA, Aliny. Homem é assassinado a tiros em carreata pró-Haddad no Ceará. *UOL*, 2018. Disponível em: https://noticias.uol.com.br/politica/eleicoes/2018/noticias/2018/10/27/homem-morto-tiros-carreata-haddad-ceara.htm.

MAIA, Gustavo. Bolsonaro diz que Pazuello vai "ficar por muito tempo" no Ministério da Saúde. *O Globo*, 2020. Disponível em: https://oglobo.globo.com/sociedade/bolsonaro-diz-que-pazuello-vai-ficar-por-muito-tempo-no-ministerio-da-saude-1-24436400.

MANDETTA diz que Bolsonaro "exonerou a ciência"" ao demiti-lo. *G1*, 2020. Disponível em: https://g1.globo.com/politica/noticia/2020/04/27/mandetta-diz-que-bolsonaro-exonerou-a-ciencia-ao-demiti-lo.ghtml.

MARTINS, Rafael Moro; DEMORI, Leandro; GREENWALD, Glenn; AUDI, Amanda. A defesa já fez o showzinho dela: Sergio Moro, enquanto julgava Lula, sugeriu à Lava Jato emitir uma nota oficial contra a defesa. Eles acataram e pautaram a imprensa. Disponível em: https://theintercept.com/2019/06/14/sergio-moro-enquanto-julgava-lula-sugeriu-a-lava-jato-emitir-uma-nota-oficial-contra-a-defesa-eles-acataram-e-pautaram-a-imprensa/.

MARTINS, Rafael Moro; SANTI, Alexandre de; GREENWALD, Glenn. Chats Privados revelam colaboração proibida de Sergio Moro com Deltan Dallagnol na Lava Jato. The Intercept Brasil, 2019. Disponível em: https://theintercept.com/2019/06/09/chat-moro-deltan-telegram-lava-jato/.

MATOS, Vitor; BARBIÉRI, Luiz Felipe; MAZUI, Guilherme, D'AGOSTINO, Rosanne. Ex-juiz Sergio Moro anuncia demissão do Ministério da Justiça e deixa o governo Bolsonaro. *G1*, 2020. Disponível em: https://g1.globo.com/politica/noticia/2020/04/24/moro-anuncia-demissao-do-ministerio-da-justica-e-deixa-o-governo-bolsonaro.ghtml.>

MAZUI, Guilherme. Bolsonaro dá posse a Braga Netto na Casa Civil e a Onyx Lorenzoni na Cidadania. *G1*, 2020. Disponível em: https://g1.globo.com/politica/noticia/2020/02/18/bolsonaro-da-posse-a-braga-netto-na-casa-civil-e-a-onyx-lorenzoni-na-cidadania.ghtml.

MENDONÇA, Heloísa. Bolsonaro ameaça expor quem compra madeira ilegal do Brasil enquanto afrouxa fiscalização para coibir prática. *El País*, 2020. Disponível em: https://brasil.elpais.com/brasil/2020-11-18/bolsonaro-ameaca-expor-quem-compra-madeira-ilegal-do-brasil-enquanto-afrouxa-fiscalizacao-para-coibir-pratica.html.

MENDONÇA, Heloísa. Pandemia expõe "necropolítica à brasileira" e uma certa elite que não vê além do umbigo. *El País*, 2020. Disponível em: https://brasil.elpais.com/economia/2020-05-08/pandemia-expoe-necropolitica-a-brasileira-e-uma-certa-elite-que-nao-ve-alem-do-umbigo.html.

MILITARES do Exército fuzilam carro de família com 80 tiros no Rio. *Exame*, 2019. Disponível em: https://exame.com/brasil/militares-do-exercito-fuzilam-carro-de-familia-com-80-tiros-no-rio/.

MOURA, Carolina. PM confunde guarda-chuva com fuzil e mata garçom no Rio, afirmam testemunhas. *El País*, 2018. Disponível em: https://brasil.elpais.com/brasil/2018/09/19/politica/1537367458_048104.html.

MP do Rio denuncia Flávio Bolsonaro por peculato, lavagem de dinheiro e organização criminosa. *Estado de Minas*, 2020. Disponível em: https://www.em.com.br/app/noticia/politica/2020/11/04/interna_politica,1200940/mp-denuncia-flavio-bolsonaro-peculato-lavagem-dinheiro-organizacao.shtml.

MPRJ denuncia senador Flávio Bolsonaro por corrupção. *Estado de Minas*, 2020. Disponível em: https://www.em.com.br/app/noticia/internacional/2020/11/04/interna_internacional,1201089/mprj-denuncia-senador-flavio-bolsonaro-por-corrupcao.shtml>

MURAKAWA, Fábio. Bolsonaro agora diz que não prometeu a Moro vaga no Supremo. *Valor Econômico*, 2019. Disponível em: https://valor.globo.com/politica/noticia/2019/08/31/bolsonaro-agora-diz-que-nao-prometeu-a-moro-vaga-no-supremo.ghtml.

'NÃO houve ditadura', diz Bolsonaro sobre golpe de 1964. *IstoÉ*, 2019. Disponível em: https://istoe.com.br/nao-houve-ditadura-diz-bolsonaro-sobre-golpe-de-1964/.

O QUE se sabe sobre a morte a tiros de João Pedro no Salgueiro, RJ. *G1*-Rio, 2020. Disponível em: https://g1.globo.com/rj/rio-de-janeiro/noticia/2020/05/20/o-que-se-sabe-sobre-a-morte-a-tiros-de-joao-pedro-no-salgueiro-rj.ghtml.

ONOFRE, Renato; FABRINI, Fábio; TEIXEIRA, Matheus. Defesa de Moro diz que vídeo confirma integralmente declarações sobre Bolsonaro. *Folha de S. Paulo*, 2020. Disponível em: https://www1.folha.uol.com.br/poder/2020/05/defesa-de-moro-diz-que-video-confirma-integralmente-declaracoes-sobre-bolsonaro.shtml.

ONZE vezes em que Bolsonaro ofendeu vítimas da ditadura. *Congresso em Foco*, 2019. Disponível em: https://congressoemfoco.uol.com.br/direitos-humanos/onze-declaracoes-de-bolsonaro-em-defesa-da-ditadura/.

ORÇAMENTOS públicos e direitos quilombolas. Instituto de Estudos Socioeconômicos (INESC), 2019. Disponível em: https://www.inesc.org.br/orcamento-publico-e-direitos-quilombolas/.

ORTEGA, Pepita; MACEDO, Fausto. Novo decreto de armas de Bolsonaro tem ilegalidades e enfraquece política de segurança pública, diz procuradoria. *O Estado de S. Paulo*, 2019. Disponível em: https://politica.estadao.com.br/blogs/fausto-macedo/novo-decreto-de-armas-de-bolsonaro-tem-ilegalidades-e-enfraquece-politica-de-seguranca-publica-diz-procuradoria/.

PADUAN, Roberta. "Entrou no terreno do desrespeito", disse Teich sobre atitude de Bolsonaro. *Veja*, 2020. Disponível em: https://veja.abril.com.br/politica/entrou-no-terreno-do-desrespeito-disse-teich-sobre-atitude-de-bolsonaro/.

PANTANAL teve 14% do bioma queimado apenas em setembro e área devastada já é recorde histórico, diz Inpe. *G1*, 2020. Disponível em: https://g1.globo.com/natureza/noticia/2020/10/07/pantanal-bate-recorde-historico-de-numero-de-queimadas-em-setembro-desde-inicio-das-medicoes-do-inpe-com-mais-de-14-mil-focos-em-um-mes.ghtml.

PARA historiadora, eleição de Bolsonaro marca fim da Nova República. *Revista Fórum*, 2019. Disponível em: https://revistaforum.com.br/politica/para-historiadora-eleicao-de-bolsonaro-marca-fim-da-nova-republica/.

POLÍTICOS criticam declaração de Bolsonaro sobre recorde de mortos por coronavírus no país. *G1*, 2020. Disponível em: https://g1.globo.com/politica/noticia/2020/04/29/politicos-criticam-declaracao-de-bolsonaro-sobre-numero-de-mortos-por-covid-19-no-pais.ghtml.

POWERPOINT dos Bolsonaros: entenda a relação da família com Queiroz e as milícias. *Folha de S. Paulo*, 2019. Disponível em: https://www1.folha.uol.com.br/poder/2019/01/powerpoint-dos-bolsonaros-entenda-a-relacao-da-familia-com-queiroz-e-as-milicias.shtml.

PRATA, Pedro. Abraham Weintraub: as polêmicas do ministro da Educação. *O Estado de S. Paulo*, 2019. Disponível em: https://educacao.estadao.com.br/noticias/geral,abraham-weintraub-as-polemicas-do-ministro-da-educacao,70002857628.

PROFISSIONAIS de imprensa são agredidos durante manifestação antidemocrática com a presença de Bolsonaro. *G1*, 2020. Disponível em: https://g1.globo.com/politica/noticia/2020/05/03/profissionais-de-imprensa-sao-agredidos-durante-manifestacao-antidemocratica-com-a-presenca-de-bolsonaro.ghtml.

QUATRO PMs e quatro civis são acusados no caso da chacina que deixou 11 mortos em Belém. *G1*-PA, 2019. Disponível em: https://g1.globo.com/pa/para/noticia/2019/06/17/quatro-pms-e-outros-4-civis-sao-acusados-no-caso-da-chacina-que-deixou-onze-mortos-em-belem.ghtml.

QUEIROZ representa o fortalecimento das milícias no governo Bolsonaro, aponta sociólogo. *Jornal GGN*, 2019. Disponível em: https://jornalggn.com.br/seguranca-publica/queiroz-representa-o-fortalecimento-das-milicias-no-governo-bolsonaro-aponta-sociologo/.

QUEM é Milton Ribeiro, novo ministro da Educação escolhido por Bolsonaro. *BBC News Brasil*, 2020. Disponível em: https://www.bbc.com/portuguese/brasil-53371442.

REDES criminosas cometem assassinatos e se aliam a empresas para desmatar na Amazônia, diz Human Rights Watch. BBC News Brasil, 2019. Disponível em: https://www.bbc.com/portuguese/brasil-49722496.

SALLES defende mudar regras de proteção ambiental enquanto imprensa se concentra na covid. Jornal Nacional, *G1*, 2020. Disponível em: https://g1.globo.com/jornal-nacional/noticia/2020/05/22/salles-defende-mudar-regras-de-protecao-ambiental-enquanto-imprensa-se-concentra-na-covid.ghtml.

SASSINE, Vinicius. A cada 23 dias, MPF tenta afastar Salles do cargo de ministro do Meio Ambiente. *Folha de S. Paulo*, 2020. Disponível em: https://www1.folha.uol.com.br/ambiente/2020/11/a-cada-23-dias-mpf-tenta-afastar-salles-do-cargo-de-ministro-do-meio-ambiente.shtml.

SCHRAMM, Franciele Petry. Orçamento para titulação de territórios quilombolas cai mais de 97% em cinco anos. *Terra de Direitos*, 2018. Disponível em: https://terradedireitos.org.br/noticias/noticias/orcamento-para-titulacao-de-territorios-quilombolas-cai-mais-de-97-em-cinco-anos/22824.

SCHWARCZ, Lilia Moritz. *Sobre o autoritarismo brasileiro.* São Paulo: Companhia das Letras, 2019.

SERAPIÃO, Fábio. Mais cheques para Michelle. *O Crusoé*, 2020. Disponível em: https://crusoe.com.br/edicoes/119/mais-cheques-para-michelle/.

SEVERO, Valdete Souto. Jair Bolsonaro traz discurso de ódio como fala oficial da presidência. *Carta Capital*, 2019. Disponível em: https://www.cartacapital.com.br/opiniao/jair-bolsonaro-traz-discurso-de-odio-como-fala-oficial-da-presidencia/.

SHALDERS, André. Mudanças climáticas não são causadas pela ação humana, diz presidente de Comissão de Mudanças Climáticas do Congresso. *BBC News Brasil*, 2019. Disponível em: https://www.bbc.com/portuguese/brasil-49683893.

SOBRINHO, Wanderley Preite. 90% das queimadas em áreas de agronegócio na Amazônia são para criar gado. *UOL*, 2020. Disponível em: https://noticias.uol.com.br/meio-ambiente/ultimas-noticias/redacao/2019/08/30/queimadas-na-amazonia-sao-9-vezes-maiores-em-pastagens-que-em-area-agricola.htm.

SOUZA, Viviane; ARCOVERDE, Léo. Brasil registra uma morte por homofobia a cada 23 horas, aponta entidade LGBT. *G1* e *Globo News*, 2019. Disponível em: https://g1.globo.com/sp/sao-paulo/noticia/2019/05/17/brasil-registra-uma-morte-por-homofobia-a-cada-23-horas-aponta-entidade-lgbt.ghtml.

STF censura sites e manda retirar matéria que liga Toffoli à Odebrecht. *G1*, 2019. Disponível em: https://g1.globo.com/politica/noticia/2019/04/15/stf-censura-sites-e-e-manda-retirar-materia-que-liga-toffoli-a-odebrecht.ghtml.

SUDRÉ, Lu. Em cinco dias, bolsonaristas causaram a morte de três transexuais nesta eleição. *Justificando*, 2018. Disponível em: http://www.justificando.com/2018/10/25/em-cinco-dias-bolsonaristas-causaram-a-morte-de-tres-transexuais-nesta-eleicao/.

TREZE frases de Bolsonaro de natureza sexual e machista. Congresso em Foco, 2019. Disponível em: https://congressoemfoco.uol.com.br/governo/treze-frases-de-bolsonaro-de-natureza-sexual-e-machista/.

TRIBUNAL manda soltar 9 militares que mataram músico e catador no Rio. *El País*, 2019. Disponível em: https://brasil.elpais.com/brasil/2019/05/24/politica/1558649132_143547.html.

TRIGUEIRO, André. 15 PONTOS para entender os rumos da desastrosa política ambiental no governo Bolsonaro. *G1*, 2019. Disponível em: https://g1.globo.com/natureza/blog/andre-trigueiro/post/2019/06/03/15-pontos-para-entender-os-rumos-da-desastrosa-politica-ambiental-no-governo-bolsonaro.ghtml.

TUFFANI, Maurício. Veja 10 ações do governo Bolsonaro no desmonte da política ambiental. *Folha de S. Paulo*, 2019. Disponível em: https://www1.folha.uol.com.br/ilustrissima/2019/09/veja-10-acoes-do-governo-bolsonaro-no-desmonte-da-politica-ambiental.shtml.

URGENTE: ministro do STF censura Crusoé. *O Antagonista*, 2019. Disponível em: https://www.oantagonista.com/brasil/urgente-ministro-do--stf-censura-crusoe/.

VEJA a repercussão política da demissão do ministro da Educação, Abraham Weintraub. *G1*, 2020. Disponível em: https://g1.globo.com/politica/noticia/2020/06/18/veja-a-repercussao-da-saida-do-ministro-da-educacao-abraham-weintraub-do-cargo.ghtml.

VELASCO, Clara; CAESAR, Gabriela; REIS, Thiago. Número de pessoas mortas pela polícia no Brasil cresce 18% em 2018; assassinatos de policiais caem. *G1*, 2019. Disponível em: https://g1.globo.com/monitor-da-violencia/noticia/2019/04/19/numero-de-pessoas-mortas-pela-policia-no--brasil-cresce-em-2018-assassinatos-de-policiais-caem.ghtml.

VELASCO, Clara; GRANDIN, Felipe; REIS, Thiago. MORTES por policiais no Brasil sobem 4% no 1º semestre; RJ e PA têm alta, mas 15 estados registram queda. *G1*, 2019. Disponível em: https://g1.globo.com/monitor-da-violencia/noticia/2019/10/14/maioria-dos-estados-registra--queda-no-no-de-pessoas-mortas-pela-policia-brasil-porem-tem-alta-no--dado-no-1o-semestre.ghtml.

WATANABE, Phillippe. Amazônia tem desmatamento recorde em outubro. *Folha de S. Paulo*, 2020. Disponível em: https://www1.folha.uol.com.br/ambiente/2020/11/amazonia-tem-desmatamento-recorde-em--outubro.shtml.

WATANABE, Phillippe. Pantanal tem pior outubro de queimadas da história e fogo cresce 121% na Amazônia. *Folha de S. Paulo*, 2020. Disponível em: https://www1.folha.uol.com.br/ambiente/2020/11/pantanal-tem-pior-outubro-de-queimadas-da-historia-e-fogo-cresce-121-na-amazonia.shtml.